金融市场交易成本的
度量方法及应用

赵琬迪 ◎ 著

经济科学出版社
Economic Science Press

图书在版编目（CIP）数据

金融市场交易成本的度量方法及应用/赵琬迪著．
—北京：经济科学出版社，2019.9
ISBN 978 - 7 - 5218 - 0849 - 0

Ⅰ.①金… Ⅱ.①赵… Ⅲ.①金融交易 - 交易
成本 - 计量经济学 Ⅳ.①F830.9

中国版本图书馆 CIP 数据核字（2019）第 194292 号

责任编辑：申先菊　赵　悦
责任校对：齐　杰
版式设计：齐　杰
责任印制：邱　天

金融市场交易成本的度量方法及应用

赵琬迪　著

经济科学出版社出版、发行　新华书店经销
社址：北京市海淀区阜成路甲 28 号　邮编：100142
总编部电话：010 - 88191217　发行部电话：010 - 88191522
网址：www. esp. com. cn
电子邮件：esp@ esp. com. cn
天猫网店：经济科学出版社旗舰店
网址：http://jjkxcbs. tmall. com
固安华明印业有限公司印装
710 × 1000　16 开　10. 25 印张　200000 字
2019 年 9 月第 1 版　2019 年 9 月第 1 次印刷
ISBN 978 - 7 - 5218 - 0849 - 0　定价：86. 00 元
（图书出现印装问题，本社负责调换。电话：010 - 88191510）
（版权所有　侵权必究　打击盗版　举报热线：010 - 88191661
QQ：2242791300　营销中心电话：010 - 88191537
电子邮箱：dbts@ esp. com. cn）

前言

　　金融市场的流动性是金融市场微观结构领域中极为重要的变量之一，它指的是在市场上一笔较大金额的交易能够快速发生，并且对市场的价格造成尽可能小的影响的能力。流动性是影响市场运行状态、决定金融市场运行效率、反映市场质量的核心变量，在公司财务、资产定价、市场有效性等金融实证研究领域中都起着关键作用，也是防范金融风险的重要指标。

　　流动性不是一个难以理解的概念，但如何准确地度量流动性却存在一定难度。一方面，因为流动性是一个抽象的概念，无法被直接观测；另一方面，因为流动性从多个维度刻画了市场的特征，如定义中所说，一个流动性好的市场既要能够使交易快速发生，还要能够容纳较大金额的交易，同时交易后对市场的影响应较小。使用一个指标对流动性所有维度进行综合度量是十分困难的，因此在研究和应用中往往从不同的维度对流动性进行度量，其中，交易成本是常用来刻画流动性的维度之一。

　　在可以获得高频交易数据时，利用买卖报价、成交价格、成交量等数据可以计算得到各种高频买卖价差作为交易成本的度量指标。近年来，尽管高频数据越来越容易获得，但目前高频数据的使用还存在一些问题，其中最主要的问题是现有的高频数据常常出现部分交易数据和报价数据不匹配的现象，使得计算结果不可靠。同时，对某些需要考察较长时间区间的研究，或需要同时考察多个国际市场的研究，通常无法保证在所有时间区间内或所有市场上均可获得高频数据。此外，处理海量高频数据需要大量的时间成本，对使用者的数据处理能力的要求也较高。因此，如何利用日度市场数据、日度股票数据等低频数据构造交易成本的低频度量指标一直是金融市场微观结构领域的研究热点。

自 1984 年理查德·罗尔（Richard·Roll）提出了有效价差的协方差估计以来，国内外很多学者都对交易成本的低频度量方法进行了研究，提出了多种度量模型和估计方法。这些方法主要分为两类：第一类是通过构造价格生成机制得到的有效价差的度量指标；第二类是通过构造收益率生成机制得到的完整的交易成本的度量指标。其中，以 LOT 度量为代表的第二类指标由于能够反映完整的交易成本，因此相比第一类指标更能反映市场流动性的真实情况。

目前关于 LOT 度量的相关研究较少，主要集中在实证应用上，对其统计性质、估计方法、模型设置等方面的讨论还很缺乏。本书将统计方法与金融实际问题相结合，从以下六个方面对金融市场交易成本的 LOT 度量的理论性质、统计推断及实证应用进行研究。

第一，本书讨论了 LOT 度量的似然函数的计算问题，利用数值模拟和实际数据分析，对目前文献中 LOT 度量的两种极大似然估计的估计效果进行比较，从而明确了 LOT 度量的极大似然估计的计算方法；

第二，本书证明了 LOT 度量的极大似然估计的统计性质，从理论上讨论其估计精度，为用不同低频度量方法进行统计性质比较和统计推断奠定基础；

第三，本书从估计方法的角度对 LOT 度量进行了扩展，利用贝叶斯估计的思想，建立了 LOT 模型的贝叶斯抽样算法，提出 LOT 度量的贝叶斯估计，提高了现有估计方法的估计精度；

第四，本书从模型设置的角度对 LOT 度量进行了扩展，根据收益率序列的实际分布特征，提出了改进的 LOT 模型以及相应的交易成本度量方法，使新方法在能够更好地反映实际数据特征的同时增强原始 LOT 度量的度量效果；

第五，本书结合文献中已有的交易成本低频度量方法以及前几部分研究提出的新方法，利用中国股票市场的实际数据，对不同方法的实际度量效果进行比较，并分析了这些方法在中国股票市场上的适用性；

第六，本书还对度量方法在资产定价问题中的应用效果进行了考察，验证了本书提出的交易成本的度量方法是中国股票市场的定价因素。

本书的内容由笔者自博士研究生起至今为止的研究成果整理而成，在成书过程中，离不开笔者的博士生导师北京大学光华管理学院的王明进教授的悉心指导。不管是笔者在学期间还是工作后，王老师对笔者的研究都给予了很大的帮助和鼓励，在此对王老师表达诚挚的感谢。

本书是首都经济贸易大学 2018 年度科研基金项目成果，感谢首都经济贸易大学以及统计学院的领导、同事对本书提供的帮助。

目录

CONTENTS

第 1 章

导　论

1.1　研究背景

金融市场微观结构理论（financial market microstructure）是关于金融市场上金融资产的交易机制及其价格形成的过程和原因的研究，是现代金融学的一个重要分支，其研究的核心和主要目标是通过研究完善市场的交易机制，促使金融市场能够更有效地进行资源配置。在金融市场微观结构研究领域中，流动性（liquidity）是其中的一个关键问题，指的是在市场上一笔较大金额的交易能够快速发生，并且对市场的价格造成尽可能小的影响的能力。适当的流动性可以有效促进金融资产的交易，从而提高市场效率，降低市场风险，是反映金融市场质量和运行状态的核心变量之一，被广泛应用在资产定价、市场有效性、公司财务等方面的金融实证研究中。

在资产定价研究领域，许多学者都对流动性是否是市场的定价因素进行了研究，例如，阿米胡德和门德尔松（Amihud & Mendelson，1986）分析了流动性与收益率之间的关系，证明了投资者持有流动性差的证券时应该获得补偿，即应该获得更高的收益率；科迪亚等（Chordia et al.，2000）指出，多种流动性度量是系统的变化的，并且应该是市场的定价因素；刘（Liu，2006）通过类似法玛—弗伦奇三因子模型（fama-french three factor model，Fama - French）的方法，利用流动性度量建立了流动性因子，并发现流动性因子具有三因子以外的解释能力。此外，古恩考（Goyenko，2006）、克拉杰克和萨德卡（Korajczyk & Sadka，2008）、哈斯布鲁克（Hasbrouck，2009）等的研究都检验了流动性在美国市场的定价作用；陈青和李子白（2008）等采用类似刘（2006）的方法，分析了中国市场的流动性溢价。

在公司财务和市场有效性领域，流动性同样有着广泛的应用。例如，茅格（Maug，1998）发现如果股票的流动性好，大股东可以更容易降低持有头寸，从而降低公司的监管水平；波尔克和萨皮恩泽尔（Polk & Sapienza，2009）研究了流动性对公司价值的影响，发现流动性好的股票能够提供更多的外部投资者的信息，从而对投资决策产生重要影响，并影响公司价值。研究市场流动性与市场有效性的关系也一直是热点问题，如科迪亚等（2008）、钟和赫拉兹迪尔（Chung & Hrazdil，2010）都证实提高流动性有助于提高市场效率等。

由此可见，流动性是各类金融实证研究中的关键变量，对市场监管者和投资者都有着重要意义：对于市场监管者而言，在设置市场机制和交易规则乃至引入新的金融产品时，应该考虑到其对市场流动性的影响，特别是能否改善市场的流动性，从而提高市场的质量和效率，降低风险。阿米胡德和门德尔松以及帕斯特和斯坦博（Amihud & Mendelson，1986；Pástor & Stambaugh，2003）指出，对于投资者而言，大量的投资和定价模型往往都是基于市场无摩擦的假设给出的，在现实中投资者应该意识到分散投资或者变更其组合时产生的成本会直接影响到资产的价格和投资的期望收益。如何准确地度量流动性是研究各类金融决策问题的前提。

流动性不是一个容易度量的概念。一方面，因为流动性无法被直接观测，因此不能直接度量；另一方面，流动性是一个多维度的概念，包含了市场多方面的交易信息，因此对流动性进行综合度量具有一定的难度。凯尔（Kyle，1985）认为，流动性可以分为三个维度，分别是市场宽度

（width）、市场深度（depth）和市场弹性（resilience）。其中：市场的宽度指的是交易成本；市场的深度指的是在对价格不引起较大变化的前提下，市场所能容纳的最大交易量；市场弹性指的是在交易发生引起了价格变化后，多长时间可以使价格恢复到交易发生前的水平的能力。由于很难建立一个指标同时包含流动性多个维度的信息，因此在研究和应用中通常选择其中某一个维度对流动性进行度量，交易成本（transaction costs）是最常用的对流动性进行度量的维度。交易成本越大，表示流动性越弱；交易成本越小，表示流动性越强。

交易成本可以分为直接成本（direct costs）和间接成本（indirect costs）。直接成本指的是交易需要收取的一些可以直接观测到的费用，如佣金、印花税等。而间接成本的存在形式相比直接成本更为复杂，它是一种潜在的无法被直接观测到的成本，其表现形式之一是买卖价差（bid-ask spread）。买卖价差指的是资产某时刻的买价（bid price）和卖价（ask price）之间的差异，衡量的是在某一时刻买入了一个单位的资产后想要立即卖出所需要花费的成本。按照不同的定义方式，买卖价差可以分为报价价差（quoted spread）、有效价差（effective spread）和已实现价差（realized spread）等。早期的研究大多使用报价价差度量间接交易成本。报价价差指的是市场上最优的买价报价和最优的卖价报价之间的差异。对于报价驱动市场，报价价差反映了做市商对订单执行成本的预期；对于指令驱动市场，报价价差衡量的是最优买卖报价之间的差异。但实证研究发现，市场上大量交易发生在报价之内，使用报价价差会高估真实的交易成本，而有效价差可以很好地解决交易发生在报价之内或之外的问题。有效价差指的是资产交易价格与资产真实价格之间的差异，由于资产的真实价格往往是无法直接观测的，在计算有效价差时常用买卖报价的中点来代替。有效价差可以很好地弥补报价价差的不足，被认为是更好的交易成本的度量。与这两种价差不同，已实现价差衡量的是订单执行时的价格与订单执行后一段时间内的买卖报价中点之间的差异，反映的是一笔交易对市场的价格影响。

如果高频数据可以直接获得，买卖价差就可以利用报价数据、成交价格和成交量等高频数据直接计算得到。近年来，随着计算机技术和存储技术的发展，金融市场的高频交易数据越来越容易获得，在研究和实际应用中也得到了更多的关注。但目前高频数据的使用还存在很多问题：首先，有高频数据的市场近几年才有高频数据记录，而一些国际市场目前还没有高频数据，对于一些需要较长的时间区间的研究，或需要对比不同国际市场的研究，高频数据通常无法在所有时间区间内或市场上获得；其次，对于有高频交易记录的市场，数据中经常出现交易数据和报价数据没有正确匹配的现象；此外，高频数据通常是每3秒或者每5秒保存一条的交易记录，数据量庞大，对如此多的数据进行整理和分析的时间成本和计算成本都很高，需要使用者有较高的软件处理数据的能力和设备硬件条件。因此，目前研究中仍然关注如何利用低频数据（如日度股票数据）对交易成本进行度量。在文献中，将利用低频数据构造的流动性或交易成本度量方法称为低频度量方法或低频度量指标。

目前，关于交易成本的低频度量方法已经有了丰富的研究成果，其最早的突破来自罗尔（1984）提出的有效价差的协方差估计，此后一些学者在罗尔提出的模型（Roll 模型）基础上进行了改进，如哈斯布鲁克（2004，2009）用贝叶斯的估计方法对 Roll 模型进行了估计，改善了罗尔的协方差估计在某些情况下无法得到估计结果的问题；霍顿（Holden，2009）根据序列相关、价格聚类等思想提出了 effective tick、Holden 等估计；科温和舒尔茨（Corwin & Schultz，2012）在 Roll 模型的基础上引入资产日最高价和最低价提出了 High – Low 模型，并建立了有效价差的 High – Low 估计；高扬和王明进（2014）又在科温和舒尔茨的模型的基础上提出了基于价格极值的有效价差的极大似然估计；阿布迪和罗纳尔多（Abdi & Ranaldo，2017）在科温和舒尔茨（2012）的模型中引入日收盘价提出了 Close – High – Low 估计等。

上面几种低频估计方法事实上都是针对有效价差提出的，而有效价差实际上只是间接交易成本的一种表现形式，仅能反映狭义的交易成本，一些交易成本的其他成分无法被买卖价差反映，例如，默顿（Merton，1987）指出，有新的信息发布之后边际交易者（marginal traders）用来决定是否进行交易所花费的时间也是交易成本的一部分，决定着投资者是否进行交易；伯克维茨等（Berkowitz et al.，1988）以及科尼兹和雷迪（Knez & Ready，1996）也讨论了当一笔订单执行后对价格产生的价格冲击（price impact）也是部分交易成本，并且是考察交易决策的一个重要方面，而这些交易成本的成分无法包含在买卖价差中，仅用价差对交易成本进行度量是片面的。

不同于上述通过度量有效价差刻画交易成本的低频度量方法，莱斯蒙德等（Lesmond et al.，1999）提出了一种直接估计完整的交易成本的低频度量方法，在文献中被称为 LOT 度量。这种度量通过观察市场上资产是否发生零收益率来反映资产交易成本的大小，其基本出发点为：对于知情的边际交易者（informed marginal trader），其在进行交易时会衡量交易可能获得的收益与交易需要花费的成本之间的大小关系，只有交易所获得的收益超过花费的成本时，才会选择进行交易。此时由于有交易发生，资产会出现价格变动，从而观测到资产的一个非零收益率；否则，知情边际交易者会减少交易甚至不进行交易，资产不会发生价格变动，产生一个零收益率。相比其他度量方法，LOT 度量通过刻画交易成本对资产收益的作用考察交易成本的大小，得到的结果能够反映完整的交易成本的信息。同时，LOT 度量使用的数据和计算方法均较为简单，因此这种度量方法在各类金融实证研究中应用广泛，如莱斯蒙德等（2004，2005）利用 LOT 度量研究了新兴市场的流动性；陈等（Chen et al.，2007）利用 LOT 模型研究了债券市场的流动性；格里芬等（Griffin et al.，2010）利用 LOT 度量讨论了市场是否具有有效性；奈斯等（Nes et al.，2011）利用 LOT 度量研究了流动性与经济周期的关系等。

尽管 LOT 度量在建模思想和实证应用中都展现了其优势，但关于 LOT 度量的研究还主要集中在其实证应用上，对其统计性质、估计方法、模型设置等理论方面的研究还较少。此外，在我国金融市场的金融实证研究中使用 LOT 度量的文献也较少。关注 LOT 度量的理论性质和实证应用具有重要的意义，具体而言主要有以下几点。

第一，对 LOT 度量的统计性质进行研究，可以对 LOT 度量的估计效果进行理论评价，并从统计性质的角度比较不同低频度量方法的度量效果。在文献中，常用的低频交易成本度量方法很多，对各种低频方法的度量效果进行评价和比较是研究中经常关注的问题。不少学者在比较时选择使用高频交易数据计算得到高频买卖价差作为基准（benchmark），通过比较低频度量方法与高频基准价差之间的误差和相关系数考察低频方法的效果：误差越小、相关系数越高表明低频方法越能反映高频基准价差，度量效果越好。目前这类研究的成果很多，如哈斯布鲁克（2004）、霍顿（2009）、古恩考等（2009）、科温和舒尔茨（2012）等对美国市场进行的研究；张峥等（2013）、王超等（2018）对中国市场进行的研究；冯等（Fong et al.，2017）针对包括中国市场在内的多个新兴市场进行的比较研究等。这种利用高频基准价差进行比较的方法虽是文献中公认的，但存在着一些局限性。首先，高频价差不是真实的交易成本，而是交易成本的估计值，其是否是真实的交易成本的好的替代还未被验证；其次，这是一种实证的比较方法，而不是从理论的角度对各种方法的统计性质进行比较，较为依赖样本和时间区间的选取；此外，对于没有高频数据的市场，无法计算高频价差从而进行比较。一些学者也关注了低频度量方法的统计性质的问题，如高扬和王明进（2014）推导了罗尔（Rou）的协方差估计和 High - Low 估计的统计性质，从理论上比较了两种估计的偏差和方差，得出了 High - Low 估计优于 Roll 协方差估计的结论；陈等（2017，2019）在提出 Roll 模型的半参数估计时对其大样本性质进行了证明，从而说明其良好的估计性质等。这种从统计性质出发进行理论比较的思路不受数据的限制，是更为合理的比较方法，但目前尚无关于 LOT 度量的统计性质的相关研究。因此，从统计性质的角度讨论 LOT 度量的度量效果是本书关注的问题。

第二，对 LOT 度量的估计方法和模型设置进行扩展，提出新的交易成本度量方法，增强原始 LOT 度量的度量效果。目前关于 LOT 模型的参数估计是通过极大似然估计实现的，对极大似然估计与其他估计方法在 LOT 模型上的估计效果的比较还没有相关研究。此外，LOT 模型对资产收益率的分布情况的设置较为简单，为独立服从同方差的正态分布的情况。而已有的实证研究表明，实际市场中的收益率数据往往具有非正态性以及波动的动态关联。如何将 LOT 模型进行扩展，使其能够更好地刻画实际数据的特征，也是本书关注的重点。

第三，利用 LOT 度量对我国金融市场进行实证研究，研究其在我国市场上的适用性。LOT 度量在国外的金融研究中已有广泛的应用，但在我国金融市场的研究中，对流动性度量方法的选择多为阿米胡德（2002）构造的 Amihud 指标，使用 LOT 度量进行相关研究的较少。Amihud 指标通过计算个股日收益率与日交易金额的比值来衡量非流动性，计算简便，是文献中常用的流动性指标。与 LOT 度量不同，Amihud 指标反映的是流动性的价格冲击维度而不是交易成本的信息；此外，Amihud 指标为流动性的代理变量，其数值不能反映流动性的具体大小，仅能反映流动性的强弱，因此多适用于定性分析研究中。使用 LOT 度量可以得到交易成本的具体度量结果，适于更广泛的研究，需对其在我国市场上的适用性进行分析和讨论。

综上所述，根据目前文献中存在的问题和不足，本书以交易成本的 LOT 度量为研究对象，对其估计方法、模型设置、统计性质以及在实际中的应用进行研究。本书的研究，一方面可以为流动性和交易成本的度量提出新的低频度量方法，丰富流动性度量的理论成果；另一方面可以为我国金融市场的金融决策分析和风险控制提供适用的流动性测度。

1.2　低频交易成本度量方法研究现状综述

流动性是一个多维度的概念，包含了市场多方面的交易信息。凯尔

（1985）将流动性分为三个维度，分别是市场宽度、市场深度和市场弹性。刘（2006）、哈斯布鲁克（2009）等进一步将流动性总结为交易成本、价格冲击、交易速度三个维度。在研究和应用中往往很难构造一个指标同时涵盖多个维度的信息，因此通常只选择其中某一个维度对流动性进行刻画。古恩考等（2009）以及张玉龙和李怡宗（2013）对低频和高频流动性指标进行了总结和综述。本书结合近年提出的一些新的方法，将常见的高频和低频流动性指标总结如表 1 - 1 所示。

在各个维度的指标中，交易成本维度的指标是研究中常用的流动性度量指标，也是本书关注的流动性度量维度。从表 1 - 1 中可以看到，交易成本的度量指标分为高频指标和低频指标两类，其中，高频指标为利用高频交易数据计算得到的各种形式的买卖价差度量指标；低频指标按照度量模型大致可以分为基于罗尔（1984）提出的 Roll 模型的交易成本度量指标，以及基于莱斯蒙德等（1999）提出的 LOT 模型的交易成本度量指标两大类。本书的研究主要围绕基于 LOT 模型的相关度量方法展开。本节将对几种常用的交易成本度量指标进行介绍，其余度量方法可查看表 1 - 1 中对应的"提出文献"部分。

表 1 - 1　　　　　　　　　常见流动性高频和低频度量指标总结

		度量名称	提出文献
交易成本维度	高频指标	相对报价价差、相对有效价差	
		相对已实现价差	斯托尔（Stoll, 1989）
		相对定位价差	奈克和亚达夫（Naik & Yadav, 1999）
低频指标	基于 Roll 模型	Roll 协方差估计（Roll 估计）	罗尔（1984）
		改进的 Roll 估计	崔等（Choi et al., 1988）
		贝叶斯估计	哈斯布鲁克（2004, 2009）
		Holden 估计、Effectivetick	霍顿（2009）
		High - Low 估计	科温和舒尔茨（2012）
		极大似然估计	高扬和王明进（2014）

		度量名称	提出文献
低频指标	基于 Roll 模型	Close – High – Low 估计	阿布迪和罗纳尔多（2017）
		半参数估计	陈等（2017，2019）
	基于 LOT 模型	LOT 极大似然估计	莱斯蒙德等（1999）
		Zeros 指标	莱斯蒙德等（1999）
		零收益率天数	康和张（Kang & Zhang，2004）、刘（2006）
		FHT 估计	冯等（2017）
价格冲击维度	高频指标	动态价格冲击 λ	哈斯布鲁克（2009）
		静态价格冲击、5 分钟价格冲击	古恩考等（2009）
	低频指标	Hui – Heubel	惠和休贝尔（Hui & Heubel，1984）
		Amivest 指标	阿米胡德等（1997）
		CompositLiq	科迪亚等（2000）
		Amihud 非流动性比率	阿米胡德（2002）
		改进的 Amihud 指标	杨朝军（2008）、弗洛拉科丝等（Florackis et al.，2011）、康和张（2014）
		PS 比率	帕斯托尔和斯坦博（Pástor & Stambaugh，2003）
		Extended Amihud 指标	古恩考等（2009）
交易速度维度	高频指标	订单执行速度	加维和吴（Garvey & Wu，2009）
	低频指标	换手率、交易频率	
市场深度维度	高频指标	买价深度、卖价深度	
	低频指标	交易量、一段时间内成交金额	

1.2.1　基于 Roll 模型的交易成本度量指标

罗尔（1984）从价格的生成机制出发提出的有效价差的 Roll 模型是

最早的低频交易成本的度量模型。Roll 模型假设价格由以下模型生成：

$$\begin{cases} p_t^o = p_t + \dfrac{s}{2}Q_t; \\ p_t = p_{t-1} + u_t. \end{cases} \tag{1.1}$$

其中，p_t^o 是某资产第 t 天最后一笔交易的对数观测价格（即第 t 天的收盘价），p_t 是第 t 天资产的对数真实价格，u_t 是第 t 天的均值为 0，方差为 σ^2 的公共信息冲击，且假设 u_t 序列不相关，s 为有效价差，Q_t 是交易方向的指示变量，$Q_t = 1$ 表示是买方发起的交易，$Q_t = -1$ 表示是卖方发起的交易。假设 Q_t 取 1 和 -1 的可能性相等，都为 $1/2$，且 Q_t 序列相互独立，即每一笔交易的方向相互独立，并与 u_t 也独立。

以上述 Roll 模型为基础，罗尔（1984）和一些学者建立了一系列价差的度量方法，其中主要有以下几种。

1. Roll 协方差估计

罗尔（1984）对式（1.1）的 Roll 模型进行差分，整理得到：

$$\Delta p_t^o = \frac{s}{2}\Delta Q_t + u_t \tag{1.2}$$

再由 $\mathrm{Cov}(u_t, u_{t-j}) = 0(j \neq 0)$ 和 $\mathrm{Cov}(u_t, \Delta Q_{t-j}) = 0(j \neq 0)$ 可得模型中的 s 满足：

$$s = 2\sqrt{-\mathrm{Cov}(\Delta p_t^o, \Delta p_{t-1}^o)} \tag{1.3}$$

由此可得有效价差的 Roll 协方差估计为：

$$\hat{s}_{\mathrm{Roll}} = \begin{cases} 2\sqrt{-\mathrm{Cov}(\Delta p_t^o, \Delta p_{t-1}^o)}, & \text{若 Cov} < 0; \\ 0. & \text{若 Cov} \geqslant 0. \end{cases} \tag{1.4}$$

2. 哈斯布鲁克的贝叶斯估计

在 Roll 模型的基础上，有丰富的文献对 Roll 模型的估计方法和模型设置进行了改进，其中主要为哈斯布鲁克（2004，2009）提出的贝叶斯估计。在 Roll 协方差估计中，根据式（1.3），当 $-\mathrm{Cov}(\Delta p_t^o, \Delta p_{t-1}^o) < 0$ 时

会出现无法得到估计结果的情况，此时只能按照式（1.4）将结果设置为0。针对这一估计失效的问题，哈斯布鲁克（2004，2009）根据贝叶斯的估计思想，利用吉布斯抽样提出了 Roll 模型的贝叶斯估计，有效地改善了Roll 协方差估计失效的问题。

根据 Roll 模型，假设样本量为 T，则观测价格分别为 p_1^0，p_2^0，…，p_T^0，模型中的交易方向的指示变量分别为 Q_1，Q_2，…，Q_T，真实价格为p_1，p_2，…，p_T。将模型中交易方向的指示变量和真实价格看作潜变量（latent variable）。令 $c = \dfrac{s}{2}$，对参数 c 和 σ^2，假设其先验分布分别为截断正态分布 $N^+(0, \sigma^2_{prior})$ 和逆伽马分布 $IG(\alpha, \beta)$，则哈斯布鲁克建立的参数 c 和 σ^2 的贝叶斯估计的 Gibbs 抽样步骤为：

（1）设置第 0 次迭代的初始值为 $c^{[0]}$，$\sigma^{2[0]}$，$Q_1^{[0]}$，$Q_2^{[0]}$，…，$Q_T^{[0]}$；

（2）将式（1.2）看作关于 Δp_t^0 和 ΔQ_t 的回归方程，则根据回归方程的贝叶斯估计方法，在 $Q_1^{[i-1]}$，$Q_2^{[i-1]}$，…，$Q_T^{[i-1]}$ 和 $\sigma^{2[i-1]}$ 的条件下，可以得到 c 的后验分布为截断正态分布 $N^+(\mu_{post}, \sigma^2_{post})$，其中 $\mu_{post} = Dd$，$\sigma^2_{post} = D$，$D^{-1} = \dfrac{1}{\sigma^2}\Delta Q'\Delta Q + \dfrac{1}{\sigma^2_{prior}}$，$d = \dfrac{1}{\sigma^2}\Delta Q'\Delta p$。从此后验分布中抽取 $c^{[i]}$；

（3）根据 $c^{[i]}$ 的值计算回归的残差，可以得到 σ^2 的后验分布为 $IG(\alpha_{post}, \beta_{post})$，其中 $\alpha_{post} = \alpha + \dfrac{T-1}{2}$，$\beta_{post} = \left(\dfrac{1}{\beta} + \dfrac{1}{2}u'u, u\right)^{-1}$，$u = \Delta p - c^{[i]}\Delta Q$。从此后验分布中，可以抽取 $\sigma^{2[i]}$；

（4）分别从 $f(Q_1 \mid c^{[i-1]}, \sigma^{2[i-1]}, Q_2^{[i-1]}, …, Q_T^{[i-1]})$，$f(Q_2 \mid c^{[i-1]}, \sigma^{2[i-1]}, Q_1^{[i]}, Q_3^{[i-1]}, …, Q_T^{[i-1]})$，…，$f(Q_T \mid c^{[i-1]}, \sigma^{2[i-1]}, Q_1^{[i]}, Q_2^{[i]}, …, Q_{T-1}^{[i]})$ 中抽取 $Q_1^{[i]}$，$Q_2^{[i]}$，…，$Q_T^{[i]}$；

（5）重复上述步骤（2）~步骤（4）足够多次，如 1 万次，直到每次迭代抽出的结果收敛。舍弃迭代的前 m 次，对剩余迭代的抽样结果 $c^{[m+1]}$，…，$c^{[10000]}$ 求均值，得到 c 的后验均值，从而得到有效价差 s 的贝叶斯估计。

哈斯布鲁克（2004，2009）对提出的贝叶斯估计进行了实证分析，结果表明，这种贝叶斯估计方法能够有效提高 Roll 估计对有效价差的估计效果，但由于在估计过程中涉及反复迭代，也在一定程度上增加了计算的复杂度和时间成本。

3. High – Low 估计

科温和舒尔茨（2012）利用日内价格极差构造了一种有效价差的低频估计方法，称为 High – Low 估计。High – Low 估计的模型是在 Roll 模型的基础上，考虑了以下两个基本假设。

第一，最高价通常是由买方发起的交易形成的，而最低价则一般是由卖方发起的交易形成的；

第二，一个时段里的价格极差，即为当天所有交易的最高价与最低价之差，同时包含了波动率和买卖价差的信息，其中包含的波动率成分与时段的长度成正比，而包含的买卖价差成分则与时段的长度无关。

记第 t 天里真实价格的最高值和最低值分别为 H_t 和 L_t；观测价格的最高值和最低值分别为 H_t^o 和 L_t^o；r_t 和 r_t^o 分别表示第 t 天里真实价格的极差和观测价格的极差，即：

$$r_t = \ln H_t - \ln L_t \qquad (1.5)$$

$$r_t^o = \ln H_t^o - \ln L_t^o \qquad (1.6)$$

此外，将第 t 天和第 t + 1 天相邻两天内真实价格的最高值和最低值分别记为 $H_{t,t+1}$ 和 $L_{t,t+1}$，观测价格的最高值和最低值分别记为 $H_{t,t+1}^o$ 和 $L_{t,t+1}^o$。根据 Roll 模型式（1.1），观测价格的最高值和最低值与真实价格的最高值和最低值之间有如下关系：

$$\ln H_t^o = \ln H_t + \frac{s}{2} \qquad (1.7)$$

$$\ln L_t^o = \ln L_t - \frac{s}{2} \qquad (1.8)$$

对上两式作差，显然有：

$$r_t^o = r_t + s \qquad (1.9)$$

也就是说，观测价格的价格极差与真实价格的价格极差之间的差值即为买卖价差。根据式（1.9）计算得到价格极差的二阶矩满足：

$$\beta_2 \triangleq E[r_t^{o2}] = E[r_t^2] + 2sE[r_t] + s^2 \tag{1.10}$$

在 Roll 模型式（1.1）中，真实价格服从零漂移项的布朗过程，由此可以得到：

$$\beta_2 = k_2\sigma^2 + 2k_1\sigma + s^2 \tag{1.11}$$

其中，$k_1 = \sqrt{8/\pi} \approx 1.5958$，$k_2 = 4\ln2 \approx 2.7726$ 为两个常数。

类似地，对连续两天的价格极值 $r_{t,t+1}^o = \ln H_{t,t+1}^o - \ln L_{t,t+1}^o$ 同样进行上述分析过程，可以得到：

$$\gamma_2 \triangleq E[r_{t,t+1}^{o2}] = K_2 2\sigma^2 + 2\sqrt{2}K_1\sigma + S^2 \tag{1.12}$$

其中用到了 $E[r_{t,t+1}] = \sqrt{2}\sigma$ 以及 $E[r_{t,t+1}^2] = 2\sigma^2$。

根据式（1.11）和式（1.12），通过迭代算法可以将 s 和 σ 表示为二阶矩 β_2 和 γ_2 的函数。科温和舒尔茨（2012）进一步指出 $k_2 \approx k_1^2$，即可以忽略二者之间的差异，从而得到 s 和 σ 的显示解为：

$$\hat{s}_{HL} = \frac{\sqrt{2}\,\hat{\beta}_2 - \sqrt{\hat{\gamma}_2}}{\sqrt{2} - 1} \tag{1.13}$$

$$\hat{\sigma}_{HL} = \frac{\sqrt{\hat{\gamma}_2} - \sqrt{\hat{\beta}_2}}{(\sqrt{2} - 1)k_1} \tag{1.14}$$

其中，

$$\hat{\beta}_2 = \frac{1}{n}\sum_{t=1}^{n} r_t^{o2} \tag{1.15}$$

$$\hat{\gamma}_2 = \frac{1}{n-1}\sum_{t=1}^{n-1} r_{t,t+1}^{o2} \tag{1.16}$$

$\hat{s}_{HL}$ 即为有效价差的 High – Low 估计。

4. Close – High – Low 估计

阿布迪和罗纳尔多（2017）在 High – Low 模型的基础上，进一步考虑了收盘价，根据收盘价、最高价和最低价建立了有效价差的估计方法，称为 Close – High – Low 估计，具体思路如下。

令 $\eta_t = (H_t + L_t)/2 = (H_t^o + L_t^o)/2$，第 t 天资产的观测价格 p_t^o 与 η_t 的

中间值中包含了有效价差和波动率两部分的信息，即：

$$E\left(p_t^o - \frac{\eta_t + \eta_{t+1}}{2}\right)^2 = \frac{s^2}{4} + \left(\frac{1}{2} - \frac{k_1}{8}\right)\sigma^2 \qquad (1.17)$$

此外，还可以得到：

$$E(\eta_{t+1} - \eta_t)^2 = \left(2 - \frac{k_1}{2}\right)\sigma^2 \qquad (1.18)$$

即 $\Delta\eta_t$ 的方差是波动率的线性函数。根据上面两个式子构成的方程可以解得：

$$s^2 = 4E\left(p_t^o - \frac{\eta_t + \eta_{t+1}}{2}\right)^2 - E(\eta_{t+1} - \eta_t)^2 = 4E[(p_t^0 - \eta_t)(p_t^0 - \eta_{t+1})]$$

$$(1.19)$$

则有：

$$\hat{s}_{CHL} = \sqrt{\max\{o,\ 4E[(p_t^o - \eta_t)(p_t^o - \eta_{t+1})]\}} \qquad (1.20)$$

$\hat{s}_{CHL}$ 即为有效价差的 Close – High – Low 估计。

1.2.2 基于 LOT 模型的交易成本度量指标

Roll 模型是基于价格的生产机制建立的，通过模拟真实价格的生成机制，并引入有效价差 s，建立真实价格与观测价格之间的关系，从而对有效价差 s 进行估计。但需要注意的是，有效价差仅是间接成本的一种表现形式，由上文提到的 Roll 模型及其扩展模型得到的估计结果仅能反映交易成本的部分成分，低估了真实的交易成本。针对此不足，莱斯蒙德等（1999）根据在交易成本低时知情交易发生以及交易成本高时知情交易不发生建立了交易成本的 LOT 度量模型，描述了交易成本对资产收益率的作用。假设某资产在第 t 天的真实收益率（true return）为 R_t^*，其生成机制由式（1.21）所示的市场模型（market model）给出：

$$R_t^* = \beta R_{mt} + \varepsilon_t \qquad (1.21)$$

其中，R_{mt} 表示同期的市场收益率；ε_t 表示除 R_{mt} 以外的其他所有信息冲击，假设其独立同分布于均值为 0，方差为 σ^2 的正态分布。由于市场上存在成本的摩擦，R_t^* 无法被直接观测，资产的可观测收益率是 R_t。R_t 与 R_t^* 的关系如式（1.22）所示：

$$R_t = \begin{cases} R_t^* - \alpha_1, & \text{若 } R_t^* < \alpha_1; \\ 0, & \text{若 } \alpha_1 \leq R_t^* \leq \alpha_2; \\ R_t^* - \alpha_2, & \text{若 } R_t^* > \alpha_2. \end{cases} \quad (1.22)$$

式（1.22）分以下三种情况对 R_t 的取值进行了讨论。

（1）对于卖出方的边际交易者，当交易获得的收益率 R_t^* 低于交易需要花费的卖出成本 α_1 时才会进行卖出操作，此时市场上的可观测收益率为 $R_t^* - \alpha_1$；

（2）类似地，对于买入方的边际交易者，当交易获得的收益率 R_t^* 高于需要花费的买入成本 α_2 时才会进行买入操作，此时市场上的可观测收益率为 $R_t^* - \alpha_2$；

（3）如果资产的收益率既无法低于卖出成本，也无法高于买入成本，则边际交易者就不会进行交易，此时资产的可观测收益率为 0。

记 s 为买入成本和卖出成本之间的差异，即：

$$s = \alpha_2 - \alpha_1 \quad (1.23)$$

则 s 是全程交易成本（round-trip transaction costs）的一种度量，包含了买入方和卖出方两方面的成本信息，称为 LOT 度量。

需要指出的是，在实际的市场数据中，可能会出现资产的日交易量不为零而日收益率为 0 的情况，即该资产当天发生了交易但是价格并没有发生变化。这种现象看似与 LOT 模型的想法相违背。莱斯蒙德等（1999）对此进行了讨论，指出这种现象的发生是由不知情交易者（或称流动性交易者）造成的，而 LOT 模型针对的是知情交易者的行为。对于不知情交易者，模型假设其在一段时间内从平均意义上来讲对资产收益率的作用为 0，即可以忽略不知情交易者对资产收益率的影响。

根据上述 LOT 模型，莱斯蒙德等（1999）用极大似然估计的方法建立了交易成本的 LOT Mixed 估计。此后有学者也在 LOT 模型的基础上建立了一些扩展的低频交易成本度量方法，其中主要有以下几种。

1. LOT Mixed 估计和 LOT Y – split 估计

对 LOT 模型的参数估计是通过极大似然法实现的。目前研究中存在两种 LOT 模型的极大似然估计，分别为莱斯蒙德等（1999）在建立 LOT 模型时提出的 LOT Mixed 估计，以及古恩考等（2009）提出的 LOT Y – split 估计。两种极大似然估计的区别在于使用了不同的似然函数的计算方法，在文献中，LOT Mixed 估计相比 LOT Y – split 估计有更广泛的应用，但对两种极大似然估计方法的性质和估计效果的比较还没有相关分析和讨论。本书的第二章将对这两种极大似然估计进行具体的介绍，同时对二者的估计效果进行细致的比较，从而得到两种估计的性质，并对两种方法的差异进行分析。

2. Zeros 指标

除 LOT Mixed 估计外，莱斯蒙德等（1999）基于 LOT 模型还提出了一种较为简单的交易成本的代理指标，记为 Zeros。根据 LOT 模型的思想，流动性越差、交易成本越高的资产，越容易出现零收益率。因此莱斯蒙德等（1999）利用一段时间内资产零收益率发生的频率刻画交易成本的大小和流动性的强弱，具体定义为：

$$Zeros = \frac{N_0}{N_T} \tag{1.24}$$

其中，N_0 表示某一时段内零收益率发生的天数，N_T 表示某一时段内交易的天数。

古恩考等（2009）对上述 Zeros 指标进行了变形，剔除了交易量为 0 导致收益率为 0 的情况，将 Zeros 指标定义为：

$$Zeros2 = \frac{N_0^*}{N_T} \tag{1.25}$$

其中，N_0^* 表示某一时段内收益率为 0 且交易量不为 0 的天数。

与其他几种交易成本的度量指标不同，上述两种 Zeros 指标为交易成本的代理指标，无法定量地给出交易成本的具体数值，仅能定性地分析交易成本的大小，即：Zeros 越大表示交易成本越高，资产的流动性越弱；Zeros 越小表示交易成本越小，资产的流动性越强。

3. FHT 估计

冯等（2017）在 LOT 模型的基础上引入了以下两方面假设。

（1）真实收益率 R_t^* 服从均值为 0，方差为 σ^2 的正态分布，即在 LOT 模型式（1.21）中简化市场收益率 R_{mt} 因子的作用；

（2）交易成本 s 是对称的，即 α_1 和 α_2 的绝对值相等。

根据这两方面假设，冯等（2017）对 LOT 模型进行了简化，得到了交易成本的 FHT 度量模型：

$$R_t^* \sim N(0, \ \sigma^2) \tag{1.26}$$

$$R_t = \begin{cases} R_t^* + s/2, & \text{若 } R_t^* < -s/2; \\ 0, & \text{若 } -s/2 \leqslant R_t^* \leqslant s/2; \\ R_t^* - s/2, & \text{若 } R_t^* > s/2. \end{cases} \tag{1.27}$$

在 FHT 模型中，根据 R_t^* 的正态性假设，可以直接写出资产零收益率发生的概率，即 R_t^* 落中删失区域的概率为：

$$P(R_t = 0) = \Phi\left(\frac{s}{2\sigma}\right) - \Phi\left(-\frac{s}{2\sigma}\right) = 2\Phi\left(\frac{s}{2\sigma}\right) - 1 \tag{1.28}$$

利用矩估计的思想，将实际观测中观测到的零收益率发生的频率 Zeros 近似等于零收益率发生的概率，即 $P(R_t = 0) = $ Zeros，整理后的模型中交易成本 s 的矩估计为：

$$FHT = 2\sigma\Phi^{-1}\left(\frac{1 + \text{Zeros}}{2}\right) \tag{1.29}$$

称为交易成本 s 的 FHT 估计。冯等（2017）利用新兴市场的实际数据验证了 FHT 估计相比 LOT 度量等其他流动性度量的度量优势。

1.2.3 交易成本低频度量指标的比较研究综述

衡量流动性的度量方法很多，在实际中使用不同的方法常常会出现不一致甚至相矛盾的结论（谢赤等，2007）。在实证研究中，如何比较这些度量方法的度量效果，从中选择合适的方法至关重要。目前文献中主要存在以下两类低频度量方法的比较研究。

1. 低频度量方法的实证比较研究

目前文献中最常使用的比较不同流动性和交易成本的低频度量指标的方法是一种实证的比较方法。这种方法以高频数据计算得到的高频价差作为基准，比较不同低频度量指标与高频基准价差之间的估计误差和相关系数。例如，哈斯布鲁克（2004）比较了四种低频数据构造的买卖价差的估计与高频数据构造的基准价差之间的相关性，发现他提出的 Roll 模型的贝叶斯估计的效果优于其他三种估计方法；古恩考等（2009）对 24 种常用的低频流动性度量指标进行了比较，得到了 LOT 度量为表现最好的指标之一的结论；科温和舒尔茨（2012）比较了 High - Low 估计及包括 Roll 协方差估计在内的其他三种估计与高频基准价差间的相关性，得出了 High - Low 估计优于其他三种估计的结论；张峥等（2013）采用中国股票市场的数据，对各种低频指标在中国市场的适用性进行了比较分析；冯等（2017）同样比较了包括 Roll 估计、贝叶斯估计以及他们提出的 FHT 估计等方法在多个市场的度量效果；王超等（2018）对中国债券市场的低频流动性指标进行了研究，指出冯等（2017）提出的 FHT 估计具有最好的度量效果；万孝园等（2018）对近 20 年文献中常用的流动性各维度的低频指标进行了评估；等等。如前文所说，这种实证的比较方法是以高频价差作为真实的交易成本的替代，并且依赖数据的选取，存在一定的局限性。

2. 低频度量方法的理论性质研究

不同于上述实证的比较方法，另一种考察低频度量指标的度量效果的方法是从统计性质出发，分析不同低频指标的偏差、方差、渐近性质等，从而对低频度量指标进行理论比较。相比上述实证比较的方法，这种理论性质的比较思路可以避免对数据的依赖性，但目前文献中这方面的研究成果还较少，其中主要有：高扬和王明进（2014）从理论上推导并比较了 Roll 协方差估计和 High – Low 估计的渐近性质、偏差和方差；陈等（2017，2019）对 Roll 模型的半参数估计的相合性和渐近正态性进行了推导，从而验证了其良好的大样本性质。

1.3 本书主要框架

针对目前文献中关于交易成本低频度量方法研究的不足，本书从统计性质（第 2 章和第 3 章）、估计方法和模型设置的扩展（第 4 章和第 5 章）、实证应用（第 6 章和第 7 章）三个部分对交易成本的 LOT 度量进行了研究，在探讨现有度量方法的理论性质的同时，提出了新的交易成本低频度量指标，并验证了其在实际应用中的优势。

本书的主要框架如下。

第 1 章介绍研究背景，对常用的低频流动性度量方法进行梳理和综述，并提出本书研究的主要内容。

第 2 章讨论了 LOT 度量的极大似然估计的计算方法问题。莱斯蒙德等（1999）提出的 LOT Mixed 估计以及古恩考等（2009）提出的 LOT Y – split 估计使用了不同的似然函数计算方法。本章通过数值模拟和实际数据分析，对两种 LOT 估计的估计效果进行讨论，发现莱斯蒙德等（1999）提出的 LOT Mixed 估计具有远大于 LOT Y – split 估计的估计误差，并且不具有极大似然估计的相合性。而 LOT Y – split 估计具有良好的估计精度，并且其估计偏差随着样本量的增加而降低，说明 LOT Y – split 估计具有相合性的特征，是 LOT 度量正确的极大似然估计。

第 3 章在第 2 章的数值模拟研究的基础上，讨论了 LOT Y – split 估计的统计性质，推导了 LOT Y – split 估计具有相合性和渐近正态性，从理论上说明 LOT Y – split 具有的良好性质，为进一步对 LOT Y – split 估计进行统计推断和从理论上比较不同估计的度量效果奠定了基础。

第 4 章考虑了 LOT 度量的估计方法问题。目前文献中对 LOT 度量进行估计是利用极大似然法实现的。LOT 模型是一类具有删失结构的模型，这类模型称为 Tobit 模型。对于 Tobit 模型，其他估计方法（如贝叶斯估计方法）相比极大似然估计方法具有更好的适用性。本书第 4 章建立了 LOT 度量的贝叶斯估计方法，并与极大似然估计的估计效果进行了比较，验证了当被删失的数据即零收益率的比例较高时，贝叶斯估计相比极大似然估计具有估计优势。

第 5 章对 LOT 模型的模型设置进行了讨论。在 LOT 模型及其简化的 FHT 模型中，资产收益率服从正态分布，且其波动不随时间而变化。已有的研究发现，收益率数据的分布往往具有厚尾性，并且其波动存在着聚类性的现象。针对 LOT 模型对数据分布特征刻画的不足，第 5 章对 LOT 模型和 FHT 模型进行了改进，将其扩展为收益率分布服从厚尾分布且波动具有关联的情形，提出了新的交易成本度量模型和估计方法，并验证了新方法相比 LOT Y – split 估计和 FHT 估计的优势。

第 6 章和第 7 章将本书中的 LOT 度量相关度量方法应用在中国股票市场的实际问题中。第 6 章首先利用本书提出的新的交易成本度量方法与以往文献中常用的度量方法对中国股票市场 2009 ~ 2015 年的交易成本进行了测度，并比较各种低频度量方法的度量效果，从而分析各种方法在中国市场上的适用性，验证了本书提出的新方法相比已有方法的优势。

第 7 章进一步将 LOT 度量及本书提出的度量方法运用于资产定价问题中，讨论了这些低频度量方法在中国股票市场上对资产收益率的作用，验证了其均为中国股票市场的定价因素，并且以该方法构造的流动性因子对收益率具有 Fama – French 三因子之外的解释能力，说明这些度量方法在金融实证研究中具有良好的应用效果。

第 8 章对全书的内容进行了总结，并对未来的研究方向进行了展望。

第 2 章

LOT 度量极大似然估计的计算方法

2.1 引　言

通过对交易成本的度量方法进行梳理可以看到，不同于其他交易成本的低频度量方法，莱斯蒙德等（1999）提出的 LOT 度量中涵盖了交易成本的所有成分的信息，是对完整的交易成本进行的度量。因此本书的研究主要以 LOT 模型为基础，探讨交易成本的度量方法及统计性质。本章首先对 LOT 模型的极大似然估计的计算方法进行讨论。

在第 1 章的 LOT 模型式（1.21）和式（1.22）中，假设误差项 ε_t 服从均值为 0，方差为 σ^2 的正态分布。根据此正态性假设，可以写出 LOT 模型的对数似然函数为：

$$
\begin{aligned}
\ell(\beta, \alpha_1, \alpha_2, \sigma^2) = & \sum_{t \in U_1} \left\{ -\frac{1}{2}\ln(2\pi\sigma^2) - \frac{1}{2\sigma^2}(R_t + \alpha_1 - \beta R_{mt})^2 \right\} \\
& + \sum_{t \in U_2} \left\{ -\frac{1}{2}\ln(2\pi\sigma^2) - \frac{1}{2\sigma^2}(R_t + \alpha_2 - \beta R_{mt})^2 \right\} \\
& + \sum_{t \in U_0} \ln\left[\Phi\left(\frac{\alpha_2 - \beta R_{mt}}{\sigma}\right) - \Phi\left(\frac{\alpha_1 - \beta R_{mt}}{\sigma}\right) \right] \quad (2.1)
\end{aligned}
$$

其中，$\Phi(\cdot)$ 是标准正态分布的累积分布函数，其余符号的定义与第 1 章中的定义相同。通过极大化上述对数似然函数，可以得到 LOT 模型中的 4 个未知参数 β，α_1，α_2，σ^2 的极大似然估计 $\hat{\beta}$，$\hat{\alpha}_1$，$\hat{\alpha}_2$，$\hat{\sigma}^2$，再根据 $\hat{s} = \hat{\alpha}_2 - \hat{\alpha}_1$ 就可以得到莱斯蒙德等（1999）提出的交易成本的 LOT 度量的极大似然估计。

关于 LOT 度量的一个重要问题是其似然函数的计算问题。从上面的对数似然函数式（2.1）中可以看出，在计算似然函数时，数据会被划分到三个区域中，对应了 LOT 模型式（1.22）中买入交易、卖出交易和无交易三种情况。目前的研究中存在两种 LOT 模型的似然函数的计算方法，分别对应两种 LOT 估计结果：第一种是莱斯蒙德等（1999）中提出的估计方法，称为 LOT Mixed 估计，也是研究和应用更为广泛的 LOT 估计；第二种为古恩考等（2009）提出的 LOT Y - split 估计。古恩考等（2009）在提出 LOT Y - split 估计时指出了两种 LOT 估计计算方法的不同，但并未对两种估计结果的性质进行具体的阐述和比较。本章将通过数值模拟分析和实际数据分析来比较这两种 LOT 估计的估计效果，从而明确 LOT 模型的似然函数的计算方法。

2.2　似然函数的计算方法

对数似然函数式（2.1）将数据自然地划分到了三个区域：U_0、U_1 和 U_2，对应 LOT 模型中零收益率、卖出方交易、买入方交易三种情况。两种 LOT 估计的计算方法的不同，实际是数据划分的三个区域的不同。莱斯蒙德等（1999）在提出 LOT 模型和 LOT 度量时，他们根据资产收益率 R_t 和市场收益率 R_{mt} 的符号对数据进行了划分，即：

$$U_0 = \{t:\ R_t = 0\} \tag{2.2}$$

$$U_1 = \{t:\ R_t \neq 0,\ R_{mt} < 0\} \tag{2.3}$$

$$U_2 = \{t:\ R_t \neq 0,\ R_{mt} > 0\} \tag{2.4}$$

不同于莱斯蒙德等人的数据划分方式，古恩考等（2009）仅根据 R_t 的符号提出了另一种数据划分方式，即：

$$U_0 = \{t: R_t = 0\} \tag{2.5}$$

$$U_1 = \{t: R_t < 0\} \tag{2.6}$$

$$U_2 = \{t: R_t > 0\} \tag{2.7}$$

古恩考等（2009）将按照第二种数据划分方式计算得到的 LOT 度量的极大似然估计称为 LOT Y – split 估计，并将莱斯蒙德等（1999）提出的第一种数据划分方式得到的极大似然估计称为 LOT Mixed 估计。古恩考等（2009）发现，在进行实际的交易成本度量时两种 LOT 估计可能得到非常不一样的结果，但并未对两种估计的差异做进一步的分析。

目前，关于两种 LOT 估计的计算方法还没有更进一步的比较和讨论，关于 LOT 模型的似然函数的数据划分方法尚无定论。事实上，通过观察 LOT 模型可以看出：对于卖出方，当 $R_t^* < \alpha_1$ 时有 $R_t = R_t^* - \alpha_1$，通过简单的代入计算可以得到 $R_t < 0$；类似的，对于买入方，当 $R_t^* > \alpha_2$ 时有 $R_t = R_t^* - \alpha_2$，可以得到 $R_t > 0$；对于交易没有发生的情况，直接有 $R_t = 0$。模型的数据划分方式与市场收益率 R_{mt} 的取值没有直接关系。因此，在计算 LOT 度量的极大似然估计时，仅根据 R_t 的符号将数据划分至似然函数中的三个区域得到的 LOT Y – split 估计应当是正确的 LOT 模型的极大似然估计结果，而莱斯蒙德等（1999）在划分数据时不必要地参考了 R_{mt} 的符号，其结果并不对应 LOT 模型的建模思想。事实上，在实际应用时样本中可能会出现 $R_t \neq 0$ 且 $R_{mt} = 0$ 的情况，而这样的样本不包含在莱斯蒙德等（1999）划分的三种区域中。当有这种情况的样本出现时，莱斯蒙德等（1999）的计算方法实际上无法涵盖所有样本数据。

经过上述分析，我们可以看到，LOT Mixed 估计实际无法对应 LOT 模型中数据的三种情况，但在使用 LOT 估计进行的各类金融研究中使用的大多是 LOT Mixed 估计，而不是 LOT Y – spliit 估计。对两种 LOT 估计的计算方法的区别进行讨论，比较两种 LOT 估计的估计效果，从而明确 LOT 度量极大似然估计的计算方法，是进一步研究 LOT 估计的相关理论，也是利用 LOT 估计进行实证研究的重要前提。在本章接下来的两个小节中，我们将利用数值模拟和实际数据分析系统比较两种 LOT 估计的估计效果，分析二者的特点和差异。

2.3　数值模拟分析

本节首先通过数值模拟的方法比较 LOT Mixed 估计和 LOT Y‒split 估计的估计效果。本节的模拟研究是在不同的模型参数的设置下对模型中的数据进行数值模拟，计算两种 LOT 估计的估计结果，并比较两种 LOT 估计的估计误差，考察误差随参数和样本量变化的规律。具体的模拟设置如下。

（1）对 LOT 模型中的日度市场收益率 R_{mt} 采用随机抽样的方法，从1926 年 1 月 1 日到 2014 年 2 月 28 日共 23173 天证券价格研究中心（center for research in security prices，CRSP）检索的美国市场收益率中随机抽取生成，数据来源为肯尼思·弗伦奇的数据网站;[①]

（2）根据实际数据中模型的各个参数可能的取值范围，对参数进行如下设置：取 $\beta=1$，α_1 分别取为 -0.001，-0.003，-0.005 三种情况，假设 $\alpha_2 = -\alpha_1$，即交易成本是对称的，故 $s = -2\alpha_1$，模型中的 σ 按照 σ/s 取 1/2，3/4，1，2，4，6，8，10 进行设置;

（3）在实际进行交易成本的度量时，通常选取某资产一年的日度数据（样本量为 250 左右）建模进行估计，得到该资产交易成本的年度度量结果。因此，在模拟研究中首先将样本量设为 250。

选择偏差（bias）、平均绝对误差（mean absolute error，MAE）和均方根误差（root mean square error，RMSE）三个指标对两种 LOT 估计的估计效果进行评价，分别定义为：

$$\text{bias} = \frac{1}{N} \sum_{i=1}^{N} (\hat{s}_i - s) \qquad (2.8)$$

---

① 网址为 http：//mba. tuck. dartmouth. edu/pages/faculty/ken. french/data_library. html。

$$MAE = \frac{1}{N} \sum_{i=1}^{N} |\hat{s}_i - s| \tag{2.9}$$

$$RMSE = \sqrt{\frac{1}{N} \sum_{i=1}^{N} (\hat{s}_i - s)^2} \tag{2.10}$$

其中，N 表示模拟的次数，除非特别说明，本书的模拟次数均为 1000 次；$\hat{s}_i$ 表示第 i 次模拟得到的交易成本 s 的估计结果。

表 2 - 1 给出了当样本量 n = 250 时不同参数设置下两种 LOT 估计的估计误差结果。从表中可以看出，两种 LOT 估计的 MAE 和 RMSE 具有相似的变化规律，即随着 σ/s 变大，两种 LOT 估计的 MAE 和 RMSE 都相应地有所增长。比较模型中交易成本 s 的不同设置下的结果可以发现，当 s 变大时，两种 LOT 估计的 MAE 和 RMSE 也有变大的趋势。此外，不管在哪组参数设置下，LOT Mixed 估计的 bias、MAE 和 RMSE 均明显高于 LOT Y - split 估计。LOT Y - split 估计不仅具有非常小的估计偏差，并且其偏差（bias）既存在正的结果，也存在负的结果，说明 LOT Y - split 估计没有明显的高估或低估交易成本 s 的倾向。而 LOT Mixed 估计的偏差（bias）均明显大于 0，甚至在某些参数设置下存在估计偏差是 s 的真实值几倍的情况，说明使用 LOT Mixed 估计会严重高估真实的交易成本。

此外，表 2 - 1 的结果还表明，两种 LOT 估计的估计效果与模型中 σ 与 s 之间的相对大小有关：固定 s，当 σ 变小时，即 σ/s 变小时，两种估计的估计精度都有所提高。为了进一步考察 σ 对估计精度的影响，图 2.1 绘制了当 s = 0.006 和 n = 250 时两种估计的 bias 和 RMSE 随 σ 变化的情况。从图中可以看出，当 σ 很小时，两种估计的估计效果之间具有非常小的差异；当 σ 变大时，两种 LOT 估计的差异逐渐变大。这是因为，在 LOT 模型中，σ 表示真实收益率的标准差，固定 s 的取值，当 σ 较小时，收益率的波动也较小，落入零收益率发生区域的可能性较大，数据中会出现更多的零收益率，则 U_0 中的数据在所有数据中所占的比重较大。而两种 LOT 估计使用的数据划分方式对 U_0 具有相同的定义，因此当 σ 较小时两种 LOT 估计的结果也较为接近。

表 2 – 1 $n = 250$ 时 LOT Mixed 和 LOT Y – split 的模拟结果

估计			σ/s	1/2	3/4	1	2	6	10
$\alpha_1 = -0.001$, $s = 0.002$	Y – split	bias		– 0.0038	0.0029	0.0002	0.0134	0.0308	0.0008
		MAE		0.1348	0.1864	0.2216	0.2964	0.4300	0.5161
		RMSE		0.1717	0.2327	0.2764	0.3718	0.5480	0.6637
	Mixed	bias		0.0561	0.2120	0.4285	1.4922	5.1069	7.6279
		MAE		0.1376	0.2548	0.4415	1.4924	5.1069	7.6295
		RMSE		0.1770	0.3110	0.5143	1.5749	5.2855	7.9889
$\alpha_1 = -0.003$, $s = 0.006$	Y – split	bias		0.0007	0.0152	– 0.0181	– 0.0553	0.0623	0.1269
		MAE		0.4127	0.5202	0.6068	0.7836	1.2553	1.5308
		RMSE		0.5283	0.6514	0.7809	0.9886	1.5680	1.9066
	Mixed	bias		0.3320	1.0772	1.9798	5.8176	17.0226	24.5693
		MAE		0.4809	1.0959	1.9811	5.8176	17.0226	24.5693
		RMSE		0.6132	1.2613	2.1307	5.9999	17.4984	25.5693
$\alpha_1 = -0.005$, $s = 0.01$	Y – split	bias		– 0.0356	– 0.0705	0.0178	– 0.0504	0.0063	0.1410
		MAE		0.7388	0.9065	1.0010	1.2238	1.9707	2.4760
		RMSE		0.9329	1.1297	1.2585	1.5415	2.4803	3.1304
	Mixed	bias		0.5692	1.8861	3.6250	10.2345	28.7183	41.3445
		MAE		0.8339	1.9211	3.6279	10.2345	28.7183	41.3445
		RMSE		1.0540	2.1939	3.8508	10.4655	29.5282	42.9739

注：表中所有结果均已乘以 10^3。

    除了估计误差以外，本书还考察了两种估计与零收益率出现的频率之间的相关系数，以及两种估计的95%置信区间的覆盖率（见图2.1）。根据 LOT 模型的建模思想，资产的交易成本越高，越可能出现零收益率，因此零收益率发生的频率与交易成本之间应当存在正向的相关关系。根据图2.1的（c）可以看出，LOT Y – split 估计与零收益率发生的频率之间的相关系数远高于 LOT Mixed 估计，说明 LOT Y – split 估计更能反映交易成本的大小。此外，从图2.1的（d）中可以看出，LOT Y – split 具有更高的95%置信区间的覆盖率，而 LOT Mixed 估计的95%置信区间的覆

盖率明显小于 LOT Y – split 估计，且当 σ/s 增大时 LOT Mixed 估计的 95%
置信区间的覆盖率几乎为 0，说明 LOT Mixed 估计的结果与 s 的真实值之
间的距离较远。

　　我们进一步考察了两种 LOT 估计的估计偏差随样本量的变化情况
（见图 2.2）。图中模型的参数设置为 s = 0.002，σ/s = 3/4，样本量从小到
大分别取为 n = 21，63，125，250，500，1000。图 2.2 绘制了不同样本
量情况下两种 LOT 估计的 bias、RMSE 与 Zeros 的相关系数、95% 置信区
间覆盖率四项指标，分别对应图 2.2 中的（a）（b）（c）（d）。从图 2.2
的（a）和（b）可以看出，LOT Y – split 估计的偏差和误差明显小于 LOT
Mixed 估计，并且随着样本量的增加而逐渐趋近于 0，这一现象说明 LOT
Y – split 估计具有相合性（consistency）；LOT Mixed 估计的偏差也有随样
本量增大而减小的变化趋势，但没有发生逐渐趋近于 0 的现象，而是趋近
于一个大于 0 的常数，说明 LOT Mixed 估计不是 LOT 度量的相合估计。此
外，LOT Y – split 估计在样本量的各种取值情况下都能保持很高的与零收
益率出现频率的相关系数以及 95% 置信区间覆盖率。两种 LOT 估计均利
用了极大似然估计的思想，而极大似然估计应当具有相合性的特征，图
2.2 的结果表明具有相合性的 LOT Y – split 估计应该是 LOT 度量的正确的
极大似然估计结果。

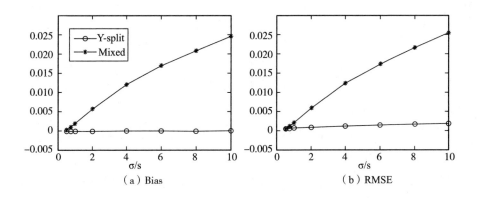

（a）Bias　　　　　　　　　　　（b）RMSE

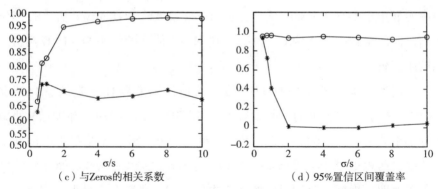

（c）与Zeros的相关系数　　　　　（d）95％置信区间覆盖率

图 2.1　两种 LOT 估计的（a）偏差、（b）RMSE、（c）与零收益率出现频率（Zeros）的相关系数、（d）95％置信区间覆盖率的比较图像

注：$\alpha_1 = -0.003$，$s = 0.006$，$\sigma/s = 1/2$，$3/4$，1，2，4，6，8，10。

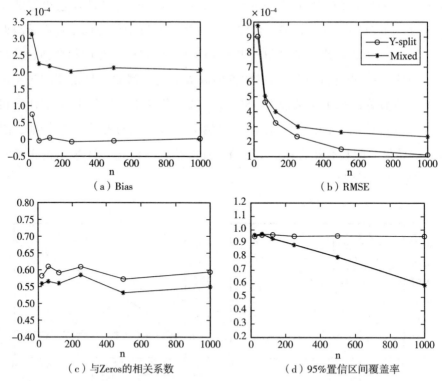

（a）Bias　　　　　　　　　（b）RMSE

（c）与Zeros的相关系数　　　　　（d）95％置信区间覆盖率

图 2.2　两种 LOT 估计在不同样本量情况下的（a）偏差、（b）RMSE、（c）与零收益率出现频率（Zeros）的相关系数、（d）95％置信区间覆盖率的比较图像

注：$\alpha_1 = -0.001$，$s = 0.002$，$\sigma/s = 3/4$，$n = 21$，63，125，250，500，1000。

2.4　实际数据分析

根据数值模拟的结果，我们已经可以看到，LOT Mixed 估计不具有极大似然估计应当具有的相合性，其结果的误差明显高于 LOT Y – split 估计，并且会严重高估真实的交易成本。本节将利用实际数据进一步考察两种 LOT 估计在实际应用中的度量效果是否同样具有明显差异。

与数值模拟不同，在实际度量资产的交易成本时，我们无法知道交易成本的真实取值，因此无法计算两种估计的实际误差的大小。如何在实际应用中寻找一个基准作为真实交易成本的替代是一个重要的问题。目前文献中比较认可的做法是以高频交易数据计算得到的高频价差作为基准，通过比较不同的低频流动性度量指标与高频基准价差之间的差异，来比较不同低频指标的度量效果。在评价低频指标与高频基准之间的差异时，常用二者的相关系数和估计误差作为评价标准，如哈斯布鲁克（2004）、霍顿（2009）、科温和舒尔茨（2012）、古恩考等（2009）、张铮等（2013）、冯等（2017）在美国市场、中国市场和其他新兴市场上进行的比较研究。本节将沿用文献中的这种比较思路，基于中国股票市场 2009 年 1 月到 2015 年 12 月的高频逐笔交易数据计算的高频价差，比较 LOT Y – split 估计和 LOT Mixed 估计的估计效果。

与已有文献相同，本节的比较研究选择三种高频价差作为基准，分别为按照时间加权的平均报价价差（quoted spread，QS）、按照交易量加权的平均有效价差（effective spread，ES），按照交易量加权的平均已实现价差（realized spread，RS）。报价价差、有效价差和已实现价差是最主要的三种买卖价差。早期对买卖价差的成分的研究主要是以报价驱动市场为对象，报价价差是做市商报出的卖价与买价的差值，它反映做市商对订单执行成本的预期。在指令驱动市场，不少学者把指令簿价差作为报价价差。有效价差指的是订单的成交价格与订单到达时市场的均衡价格之间的差值，由于其衡量订单的实际执行成本，在一定程度上克服了因交易发生在报价价差之内或之外而使报价价差高估或低估执行成本的缺点。已实现价差衡量了订单执行价格和订单执行一段时间后的买卖报价中点之间的差额，反映订单执行后的市场影响成本。按照时间加权的报价价差不仅可以反映报价价差，还可以同时反映价差持续的时间；按照交易量加权的有效价差和已实现价差，可以从投资者的角度反映投资者的报价策略。这三种价差能够体现中国市场流动性的构成因素。三种高频基准价差的计算方法如下。

1. 报价价差

对于给定的股票 i，在时刻 t，该股票的报价价差被定义为：

$$QS_{it} = \ln P_{it}^{ask} - \ln P_{it}^{bid} \tag{2.11}$$

其中，P_{it}^{ask} 和 P_{it}^{bid} 分别为时刻 t 的最优卖价报价和买价报价。由于买卖价差通常随价格而变化，因此可以用报价价差 QS_{it} 除以 P_{it}^{ask} 和 P_{it}^{bid} 的中点，得到相对报价价差。对于某一段时间 I，该股票的报价价差 QS_{iI} 是时间区间 I 内基于持续的时间作为权重对所有相对报价价差进行的加权平均。

2. 有效价差

对于给定的股票 i 的第 k 笔交易，其有效价差定义为：

$$ES_{ik} = 2 \left| \ln P_{ik} - \ln M_{ik} \right| \tag{2.12}$$

其中，P_{ik} 是第 k 笔交易的成交价格，M_{ik} 是第 k 笔交易发生时股票的最高买价和最低卖价的平均值。与报价价差相同，可以用 ES_{ik} 除以 M_{ik} 得到相对有效价差。对于某一段时间 I，ES_{iI} 是时间区间 I 内基于成交量权重将所有交易的相对有效价差进行加权的平均值。

3. 已实现价差

已实现价差的定义由黄和斯托尔（Huang & Stoll，1996）提出，衡量的是有效价差中的即时成分。对于给定的股票 i 的第 k 笔交易，其已实现价差定义为：

$$RS_{ik} = \begin{cases} 2(\ln P_{ik} - \ln M_{i,k+t}), & \text{第 k 笔交易是买方发起的；} \\ 2(\ln M_{i,k+t} - \ln P_{ik}), & \text{第 k 笔交易是卖方发起的。} \end{cases} \tag{2.13}$$

其中，$M_{i,k+t}$ 表示交易发生了一段时间 t 后买卖报价的中点或者新的成交价格，古恩考等（2009）将 $M_{i,k+t}$ 定为第 k 笔交易发生后 5 分钟的交易价格 $P_{i,k+5}$。与前两种价差相同，将 RS_{ik} 除以 $M_{i,k}$ 可以得到相对已实现价差。对于某一段时间 I，RS_{il} 是时间区间 I 内基于成交量权重对所有已实现价差进行加权平均的结果。对于 $M_{i,k+t}$ 的选择，本章及本书后面几章的研究中将其取为第 k 笔交易发生 5 分钟后最优买卖报价的价格中点。

2.4.1 数据选取及说明

由于高频基准价差的计算需要用到股票交易的高频数据，考虑到在 2009 年之前我国股票市场的高频交易数据还不具有较高的数据质量，因此本节的实际数据分析将样本的时间区间取为 2009 年 1 月~2015 年 12 月，股票高频逐笔交易数据来自锐思数据库（RESSET）。在选择样本股票时，采用类似罗尔（1984）对股票样本的筛选方法，在上海证券交易所和深圳证券交易所所有非中小板和创业板的股票中，选择满足以下两条标准的股票。

（1）年有效交易天数达到至少 6 个月，即至少有 6 个月的交易数据；

（2）在前一年的最后一天有交易数据。

经筛选得到样本时间区间内满足条件的股票共 1270 只。

对于每只股票的每条记录，高频数据包括交易时间、成交价格、成交量、5 个卖价与卖量、5 个买价与买量、交易方向、市场深度等信息，以及相应的市场买卖指标。为了保证使用的数据是合理且被正确记录的，首先对原始的高频数据按以下条件进行筛选。

（1）只保留发生在交易所开盘时间内的报价和交易数据，即早上 9 点半到下午 3 点；

（2）只保留报价和交易量不为 0 的报价或交易。

在去掉了不符合上述条件的交易记录之后，对每只股票按照式（2.11）~式（2.13）的计算方式计算高频报价价差（QS）、有效价差（ES）和已实现价差（RS），同时计算每只股票的日收盘价、日最高价、日最低价、日成交量、日成交金额、日收益率,再根据得到的日度数据计算两种 LOT 估计。由于 LOT 估计的计算过程中包含了似然函数的优化过程,如果样本量太少会造成小样本的估计偏差。为了保证一定的样本量,选择计算两种估计的年度估计(即用一年的日度数据进行估计)和季度估计(即用一个季度的日度数据进行估计)。

2.4.2 实际数据分析结果

表 2-2 给出了两种 LOT 估计和三种高频基准价差的描述性统计结果。LOT Y-split 估计 7 年的综合平均值为 0.0026,其中,在 2010 年取最小的平均值,为 0.0018;在 2014 年取最大的平均值,为 0.0034。LOT Mixed 估计的 7 年综合平均值为 0.0108,其中,在 2011 年取最小值 0.0092,在 2009年取最大值 0.0116。可以看出,不管是分年的结果还是综合 7 年结果,LOT Mixed 的均值总是明显高于 LOT Y-split 估计的均值。7 年综合来看,LOT Mixed 的均值约为 LOT Y-split 估计的 5 倍,并且从 t 检验的结果来看,二者之间的差异是显著的,说明在进行实际的交易成本度量时,两种 LOT 估计得到的结果具有显著差异,不能认为是同一种估计。

与数值模拟研究相同,选择偏差(bias)、平均绝对误差(MAE)和均方根误差(RMSE)对两种 LOT 估计的实际度量效果进行评价,分别定义为:

$$\text{bias} = \frac{1}{NT} \sum_{i=1}^{N} \sum_{t=1}^{T} (\hat{s}_{it} - s_{it}) \qquad (2.14)$$

$$\text{MAE} = \frac{1}{NT} \sum_{i=1}^{N} \sum_{t=1}^{T} |\hat{s}_{it} - s_{it}| \qquad (2.15)$$

$$\text{RMSE} = \sqrt{\frac{1}{NT} \sum_{i=1}^{N} \sum_{t=1}^{T} (\hat{s}_{it} - s_{it})^2} \qquad (2.16)$$

其中,$\hat{s}_{it}$ 为第 i 只股票第 t 年的交易成本估计结果,s_{it} 为高频基准价差,N 为样本股票数目,T 为年数,若每年单独计算则 T = 1,若 7 年综合计算则 T = 7。

表 2 - 2　年度 LOT Mixed 和 LOT Y - split 估计描述性统计结果

年份		2009	2010	2011	2012	2013	2014	2015	7 年
股票数（只）		1270	1270	1270	1270	1270	1270	1270	8890
LOT Y - split	均值[1]	2.0648	1.8305	2.2948	3.1118	3.0430	3.4216	2.3516	2.5664
	标准差[1]	1.4675	1.5214	1.9207	2.3069	3.4060	3.4856	2.6817	2.5745
	$\hat{\sigma}/\hat{s}$ 均值	23.2117	25.3895	17.7786	11.1552	16.4793	15.0703	34.3960	23.1816
LOT Mixed	均值[1]	11.6015	10.1210	9.1650	10.8804	11.2350	11.5871	10.9959	10.7508
	标准差[1]	5.0467	4.6283	4.6652	5.7253	6.5739	7.1865	7.4839	6.1049
	$\hat{\sigma}/\hat{s}$ 均值	3.3821	3.3687	4.2773	2.5424	3.8051	3.6970	8.9480	5.4424
	相关系数[2]	0.6601	0.6623	0.8057	0.8304	0.7993	0.8511	0.8066	0.7630
	配对 t 检验[3]	-80.4529	-77.8354	-73.7726	-68.8596	-66.9384	-62.9374	-52.9447	-172.5436

注：1. 均值、标准差均乘以 10^3；2. 两种 LOT 估计的相关系数；3. 原假设为两种估计的均值相等的配对 t 检验的 t 统计量。

表 2-3 展示了两种 LOT 估计的年度估计结果与三种高频基准价差之间的误差情况。当以报价价差作为高频基准价差时，不管是分年的结果还是 7 年综合的结果，LOT Y - split 估计的 bias、MAE 和 RMSE 均小于 LOT Mixed 的 bias、MAE 和 RMSE。LOT Y - split 估计 7 年综合的 bias 为 0.0006，MAE 为 0.0012，RMSE 为 0.0024，其 MAE 和 RMSE 在 2009 年取最小值，分别为 0.0008 和 0.0012；在 2014 年取最大值，分别为 0.0018 和 0.0035。LOT Mixed 估计 7 年综合的 bias 为 0.0088，MAE 为 0.0088，RMSE 为 0.0106，其中在 2011 年其 MAE 和 RMSE 取最小值，分别为 0.0073 和 0.0085；在 2009 年取最大值，分别为 0.0097 和 0.0109。不管是 7 年综合的结果还是分年的结果，LOT Mixed 估计的 RMSE 均为 LOT Y - split 估计的 5~6 倍，说明 LOT Mixed 估计具有远远高于 LOT Y - split 估计的估计误差。以有效价差和已实现价差作为基准时也有类似的结果。

除估计误差以外，与高频基准价差之间的相关系数也是文献中常用来评价低频度量方法的标准之一。相关系数越高，说明低频度量方法与高频基准价差之间的相似性越高，估计效果越好。表 2-4 展示了 LOT Y - split 估计和 LOT Mixed 估计与高频基准价差之间的相关系数。从相关系数的表现来看，当以报价价差作为基准时，不管是分年的结果还是 7 年综合的结果，LOT Y - split 估计的相关系数都明显高于 LOT Mixed 估计。LOT Y - split 估计的 7 年综合相关系数为 0.4031，其中在 2015 年取最小值，为 0.2600；在 2009 年取最大值，为 0.5839。LOT Mixed 估计的相关系数仅约为 LOT Y - split 估计的一半，其 7 年综合的相关系数为 0.2521，在 2015 年取最小值，为 0.1041；在 2014 年取最大值，为 0.3894。当以有效价差和已实现价差作为高频基准价差时同样可以得到类似的结果。

表 2-5 和表 2-6 分别展示了使用季度数据得到的季度估计结果的误差和相关系数。从表中可以看到，当样本量变小，两种 LOT 估计的季度估计结果的效果与表 2-3 和表 2-4 的年度估计结果的情况类似，LOT

Mixed 估计的估计误差仍然明显高于 LOT Y – split 估计的估计误差,且 LOT Mixed 估计的相关系数在大部分情况下约为 LOT Y – split 估计的一半。这说明估计的频率不会影响两种 LOT 估计的效果之间的差异。

综合表 2 – 3 ~ 表 2 – 6 的结果来看,两种 LOT 估计在实际度量资产交易成本时得到的结果有很大的差异。LOT Y – split 估计在两种评价标准、三种基准价差和不同样本量的情况下均展现了相比 LOT Mixed 估计而言更好的估计效果。估计误差和相关系数两方面的结果都表明,LOT Y – split 估计能够很好地反映三种高频基准价差。而 LOT Mixed 估计不仅有非常大的估计误差,其与高频基准价差之间的相关系数也较低,在某些情况下,其误差与 LOT Y – split 估计相比存在数量级的差异,说明 LOT Mixed 估计与高频基准价差的距离较远,无法很好地刻画资产的交易成本。

表 2 – 3　年度 LOT Mixed 估计和 LOT Y – split 估计的估计误差

估计		评价指标	7 年	2009 年	2010 年	2011 年	2012 年	2013 年	2014 年	2015 年
基准价差为报价价差	Y – split	bias	0.6254	0.1987	0.1654	0.3819	0.5550	0.9109	1.4884	0.6883
		MAE	1.2459	0.8356	0.8624	1.1215	1.3269	1.4464	1.8069	1.3293
		RMSE	2.4371	1.2118	1.4159	1.9163	2.1318	3.3060	3.4690	2.6477
基准价差为报价价差	Mixed	bias	8.8087	9.7355	8.4559	7.2521	8.3236	9.1029	9.6459	9.1614
		MAE	8.8429	9.7478	8.4657	7.2823	8.3376	9.1284	9.6615	9.2959
		RMSE	10.6161	10.8777	9.6112	8.5491	9.9125	11.1196	11.8374	12.0026
基准价差为有效价差	Y – split	bias	0.7564	0.3045	0.2789	0.5162	0.7319	0.9109	1.6536	0.8015
		MAE	1.2424	0.8247	0.8402	1.0934	1.3088	1.4494	1.8657	1.3232
		RMSE	2.4459	1.2070	1.3995	1.8797	2.1279	3.3156	3.5291	2.6545
	Mixed	bias	8.9396	9.8413	8.5694	7.3864	8.5006	9.1029	9.8111	9.2746
		MAE	8.9682	9.8519	8.5770	7.4099	8.5101	9.2319	9.8231	9.3919
		RMSE	10.7188	10.9715	9.7059	8.6486	10.0559	11.1996	11.9727	12.0812

续表

估计		评价指标	7 年	2009 年	2010 年	2011 年	2012 年	2013 年	2014 年	2015 年
基准价差为已实现价差	Y – split	bias	1.6110	1.2655	1.0826	1.3236	1.6496	1.8852	2.4057	1.6751
		MAE	1.6847	1.3093	1.1578	1.4476	1.7750	1.9523	2.4358	1.7242
		RMSE	2.8304	1.7393	1.7361	2.1994	2.6048	3.6909	3.9728	3.0199
	Mixed	bias	9.7943	10.8023	9.3731	8.1938	9.4183	10.0772	10.5632	10.1481
		MAE	9.7996	10.8043	9.3744	8.1994	9.4200	10.0816	10.5662	10.1677
		RMSE	11.4571	11.8599	10.4255	9.3530	10.8823	11.9424	12.6282	12.7469

注：表中结果均已乘以 10^3。

表 2 – 4 年度 LOT Mixed 估计和 LOT Y – split 估计与高频基准价差的相关系数

估计		7 年	2009 年	2010 年	2011 年	2012 年	2013 年	2014 年	2015 年
基准价差为报价价差	Y – split	0.4031 (0.0000)	0.5839 (0.0000)	0.4033 (0.0000)	0.3456 (0.0000)	0.4640 (0.0000)	0.3687 (0.0000)	0.4869 (0.0000)	0.2600 (0.0000)
	Mixed	0.2521 (0.0000)	0.2919 (0.0000)	0.1586 (0.0000)	0.2406 (0.0000)	0.3651 (0.0000)	0.2627 (0.0000)	0.3894 (0.0000)	0.1041 (0.0000)
基准价差为有效价差	Y – split	0.4314 (0.0000)	0.6051 (0.0000)	0.4358 (0.0000)	0.3822 (0.0000)	0.5005 (0.0000)	0.3944 (0.0000)	0.5275 (0.0000)	0.3029 (0.0000)
	Mixed	0.2703 (0.0000)	0.3024 (0.0000)	0.1724 (0.0000)	0.2655 (0.0000)	0.3833 (0.0000)	0.2820 (0.0000)	0.4167 (0.0000)	0.1279 (0.0000)
基准价差为已实现价差	Y – split	0.4536 (0.0000)	0.6058 (0.0000)	0.4603 (0.0000)	0.4049 (0.0000)	0.4888 (0.0000)	0.4073 (0.0000)	0.5452 (0.0000)	0.3912 (0.0000)
	Mixed	0.2651 (0.0000)	0.2927 (0.0000)	0.1702 (0.0000)	0.2699 (0.0000)	0.3529 (0.0000)	0.2704 (0.0000)	0.4115 (0.0000)	0.2226 (0.0000)

注：括号中为相关系数显著性检验的 p 值，0.0000 代表在 0.001% 的显著水平下相关系数不为 0。如无特殊说明，在本书的相关系数的表格中括号里的数的含义相同。

表 2 – 5　　　季度 LOT Mixed 估计和 LOT Y – split 估计的估计误差

估计		评价指标	7 年	2009 年	2010 年	2011 年	2012 年	2013 年	2014 年	2015 年
基准价差为报价价差	Y – split	bias	0.3448	0.2218	0.1243	0.2426	0.2799	0.6611	0.9927	0.0689
		MAE	1.5824	1.4728	1.3347	1.5026	1.7661	1.7170	1.7981	1.5835
		RMSE	2.8020	2.2254	2.2371	2.6509	2.8081	3.6562	3.6024	2.4607
	Mixed	bias	8.4595	9.7500	8.6761	6.9458	7.7151	8.5056	9.1318	8.7888
		MAE	8.7302	9.9833	8.8983	7.2333	7.9631	8.7104	9.2697	9.4073
		RMSE	12.1586	12.9743	11.9137	9.9163	11.3153	11.7426	12.6003	15.0815
基准价差为有效价差	Y – split	bias	0.4617	0.3272	0.2378	0.3764	0.4555	0.7699	1.0818	0.1349
		MAE	1.5557	1.4538	1.3063	1.4659	1.7108	1.7053	1.7946	1.5637
		RMSE	2.7862	2.2191	2.2229	2.6120	2.7641	3.6591	3.6114	2.4420
	Mixed	bias	8.5764	9.8554	8.7896	7.0796	7.8907	8.6143	9.2209	8.8548
		MAE	8.8196	10.0705	8.9867	7.3293	8.0971	8.7964	9.3434	9.4469
		RMSE	12.2319	13.0529	11.9919	9.9971	11.4235	11.8135	12.6591	15.1145
基准价差为已实现价差	Y – split	bias	1.3284	1.2892	1.0408	1.1816	1.3686	1.6491	1.8298	1.0887
		MAE	1.7024	1.6297	1.3927	1.5831	1.9141	1.9580	2.0855	1.4484
		RMSE	3.0423	2.5525	2.4333	2.8024	3.0516	3.9505	3.9158	2.6165
	Mixed	bias	9.4432	10.8174	9.5926	7.8848	8.8038	9.4935	9.9689	9.8087
		MAE	9.5237	10.8814	9.6542	7.9769	8.8975	9.5622	10.0165	9.9530
		RMSE	12.8658	13.8113	12.5956	10.5844	12.0951	12.4841	13.2380	15.6738

注：表中结果均已乘以 10^3。

表 2 – 6　季度 LOT Mixed 估计和 LOT Y – split 估计与高频基准价差的相关系数

估计		7 年	2009 年	2010 年	2011 年	2012 年	2013 年	2014 年	2015 年
基准价差为报价价差	Y – split	0.2991 (0.0000)	0.3961 (0.0000)	0.2571 (0.0000)	0.2491 (0.0000)	0.2864 (0.0000)	0.2862 (0.0000)	0.3301 (0.0000)	0.2801 (0.0000)
	Mixed	0.1145 (0.0000)	0.1645 (0.0000)	0.0672 (0.0000)	0.1383 (0.0000)	0.1596 (0.0000)	0.1437 (0.0000)	0.1911 (0.0000)	0.0235 (0.1693)

续表

估计		7 年	2009 年	2010 年	2011 年	2012 年	2013 年	2014 年	2015 年
基准价差为有效价差	Y - split	0.3203 (0.0000)	0.3827 (0.0000)	0.2761 (0.0000)	0.2697 (0.0000)	0.3129 (0.0000)	0.3058 (0.0000)	0.3473 (0.0000)	0.2912 (0.0000)
	Mixed	0.1239 (0.0000)	0.1693 (0.0000)	0.0725 (0.0000)	0.1499 (0.0000)	0.1700 (0.0000)	0.1569 (0.0000)	0.2012 (0.0000)	0.0243 (0.1559)
基准价差为已实现价差	Y - split	0.3267 (0.0000)	0.3810 (0.0000)	0.2847 (0.0000)	0.2784 (0.0000)	0.2881 (0.0000)	0.3083 (0.0000)	0.3459 (0.0000)	0.3595 (0.0000)
	Mixed	0.1078 (0.0000)	0.1575 (0.0000)	0.0602 (0.0000)	0.1478 (0.0000)	0.1451 (0.0000)	0.1396 (0.0000)	0.1764 (0.0000)	0.0103 (0.5491)

注：表中相关系数下的数字为相关系数的显著性检验的 p 值。

2.5 本章总结

交易成本的 LOT 度量是研究和进行金融决策时常用来度量流动性的指标之一，目前关于 LOT 度量的估计方法是通过极大似然法实现的。莱斯蒙德等（1999）提出 LOT 度量时，根据资产收益率 R_t 和市场收益率 R_{mt} 的符号对数据进行划分从而计算模型的似然函数，得到的估计结果被称为 LOT Mixed 估计。古恩考等（2009）则使用仅根据资产收益率 R_t 的符号划分数据的方法得到了另一种 LOT 度量的极大似然估计，称为 LOT Y - split 估计。目前文献中在使用两种 LOT 估计时并未对二者进行区分。本章的研究对这两种极大似然估计的估计效果进行了比较，有助于明确二者的差别，并指出正确的 LOT 度量的极大似然估计的计算方法。

本章通过数值模拟和实际数据分析比较了两种 LOT 估计的估计效果。从数值模拟的结果来看，LOT Y - split 估计的偏差和均方根误差均较小，并且具有相合性的特征，即偏差随着样本量的增大而趋近于 0。而 LOT Mixed 估计不仅不具有相合性，而且在很大会程度上会高估真实的交易成本。在进行实际度量时，两种估计也表现出很大的差异性。首先，t 检验的结果表明，二者之间的差异显著不为 0，LOT Mixed 估计远远大于 LOT Y – split 估计，在某些情况下甚至存在数量级的差异，说明不能将二者看作同一估计。此外，LOT Y – split 估计的误差与相关系数在各种情况下也明显优于 LOT Mixed 估计。

以往的研究认为，这两种 LOT 度量的极大似然估计均能对交易成本进行度量，但本章的研究表明，两种估计的结果具有很大的差异，LOT Y – split 估计具有良好的估计效果，而 LOT Mixed 估计的结果远远大于交易成本的真实值，若使用 LOT Mixed，则无法很好地衡量资产的实际成本，从而造成结果的不准确性。这一结论明确了 LOT 度量的似然函数的计算方法，为进一步对 LOT 度量进行理论和应用研究奠定了基础，也为交易成本的度量指标的选择提供了重要依据。

第 3 章

LOT 度量极大似然估计的统计性质

3.1 引　言

在第 2 章中，我们讨论了 LOT 度量似然函数的计算问题，明确了 LOT 度量似然函数应当使用 LOT Y – split 估计的计算方法。而以往文献中常用的 LOT Mixed 估计对似然函数进行了错误的计算，不是 LOT 度量的相合估计。本书在用实际数据比较两种 LOT 估计的估计效果时，选择了文献中常用的方法，将基于高频数据计算得到的价差作为基准，比较两种 LOT 估计与高频基准价差之间的估计误差和相关系数。但如第 1 章中所说，这种比较方式存在一定的缺陷：首先，该比较方法是从实证的角度出发，因此其结果对数据的选取具有很强的依赖性；其次，在进行实际度量时，由于无法得到资产交易成本的真实值，因此需要使用由高频数据计算得到的高频价差作为基准，而高频价差对交易成本的估计效果还未明确。研究度量方法的统计性质，从理论上对不同度量方法的偏差、方差等性质进行比较，可以有效弥补上述实证比较方法的不足。因此本章将在第 2 章结论的基础上，对 LOT Y – split 估计的统计性质进行理论推导，证明 LOT Y – split 估计具有相合性和渐近正态性，为从理论上比较不同估计的度量效果提供基础。

在 LOT 模型中，交易成本是资产收益率的阈值（threshold）。当资产收益率超过交易成本的时候，可以观测到收益率的具体情况；否则，收益率被删失（censored），只能观测到零收益率。这种带有删失结构的模型被称为 Tobit 模型（Tobin，1958）。对于 Tobit 模型及其扩展模型的极大似然估计的统计性质，一些学者已经取得了相应的研究成果，例如，对于标准的 Tobit 模型的极大似然估计，雨宫（Amemiya，1973）给出了其相合性和渐近正态性的证明；赫德（Hurd，1979）讨论了具有异方差性的 Tobit 模型的极大似然估计的性质；罗宾逊（Robinson，1982）证明了当模型为误差项是含有序列相关性的 Tobit 模型时，其极大似然估计同样具有相合性和渐近正态性；戈德伯格（Goldberger，1980）考虑了误差项非正态分布时的 Tobit 模型，并证明了其极大似然估计的渐近性质；阿雷利亚诺和奥诺雷（Arellano & Honore，2001）研究了面板数据的 Tobit 模型的估计的统计性质；容和埃雷拉（Jong & Herrera，2011）对含有动态时间序列的 Tobit 模型给出了其极大似然估计的平稳性条件，并证明了相合性和渐近正态性；等等。

上述文献中研究的 Tobit 模型均是具有单一且已知的删失点（censoring point）的情况。而 LOT 模型是一种特殊的 Tobit 模型，与上述 Tobit 模型的区别在于，LOT 模型具有两个删失阈值 α_1 和 α_2，并且这两个阈值是模型中未知的待估参数。对于这类具有两个删失点且两个删失点均未知的模型，其极大似然估计的统计性质还没有相关的研究。本章基于纽维和麦克费登（Newey & MacFadden，1994）关于极大似然估计的渐近性质的理论成果，将雨宫（1973）以及容和埃雷拉（2011）的证明扩展至模型包含两个未知的删失点的情形，从理论上证明了 LOT Y – split 估计的相合性和渐近正态性。

3.2　相　合　性

相合性，也称一致性，是估计量的一种大样本性质，指的是当样本容量 n 充分大时，估计量可以以任意的精度逼近被估计的参数的真实值。第

2章的数值模拟的结果显示，LOT Y – split 估计的估计偏差随着样本量的增加逐渐收敛到 0，这表明 LOT Y – split 估计具有相合性的特点，本节将对 LOT Y – split 估计的这一性质进行理论推导。按照不同的收敛意义，相合性可以分为弱相合性、强相合性和 r 阶相合性。一般提及相合性，指的是估计的弱相合性，即估计量依概率收敛到参数真值，本章也是对 LOT Y – split 估计的弱相合性进行证明。

在 LOT 模型中，对于某资产，给定 n 天的市场收益率 R_{mt}，$t = 1，\cdots，$ n 和参数 $\theta = (\beta，\alpha_1，\alpha_2，\sigma^2)'$，可以得到 LOT 模型中的因变量，资产可观测收益率 R_t 的密度函数为：

$$
\begin{aligned}
f(R_t \mid R_{m1}，\cdots，R_{mn}，\theta) = {} & \frac{1}{\sigma}\phi\left(\frac{R_t + \alpha_1 - \beta R_{mt}}{\sigma}\right)u_t \\
& \frac{1}{\sigma}\phi\left(\frac{R_t + \alpha_2 - \beta R_{mt}}{\sigma}\right)v_t \\
& \left[\Phi\left(\frac{\alpha_2 - \beta R_{mt}}{\sigma}\right) - \Phi\left(\frac{\alpha_1 - \beta R_{mt}}{\sigma}\right)\right]w_t
\end{aligned} \tag{3.1}
$$

其中，$u_t = I\{R_t < 0\}$，$v_t = I\{R_t > 0\}$，$w_t = I\{R_t = 0\}$ 为表示样本区域的示性函数。

同时，将第 2 章中的对数似然函数式（2.1）等价地改写为：

$$
\begin{aligned}
\hat{Q}_n(\theta) \triangleq e(\beta，\alpha_1，\alpha_2，\sigma^2) = {} & \frac{1}{n}\sum_{t=1}^{n}\left\{\left[-\frac{1}{2}\ln(2\pi\sigma^2) - \frac{1}{2\sigma^2}(R_t + \alpha_1 - \beta R_{mt})^2\right]u_t \right. \\
& + \left[-\frac{1}{2}\ln(2\pi\sigma^2) - \frac{1}{2\sigma^2}(R_t + \alpha_2 - \beta R_{mt})^2\right]v_t \\
& \left. + \ln\left[\Phi\left(\frac{\alpha_2 - \beta R_{mt}}{\sigma}\right) - \Phi\left(\frac{\alpha_1 - \beta R_{mt}}{\sigma}\right)\right]w_t\right\}
\end{aligned}
$$

$$
\triangleq \frac{1}{n}\sum_{t=1}^{n}{}_t(\theta) \tag{3.2}
$$

模型参数的极大似然估计即定义为：

$$
\hat{\theta} = \underset{\theta \in \Theta}{\operatorname{argmax}}\hat{Q}_n(\theta) \tag{3.3}
$$

其中，Θ 为参数空间。

记为：

$$Q(\theta) \triangleq E[\ell_t(\theta)] \tag{3.4}$$

$$x_t \triangleq (-R_{mt} \quad 1)' \tag{3.5}$$

定理 1 给出了参数的极大似然估计 $\hat{\theta}$ 以及 LOT Y – split 估计 $\hat{s}_{LOT}$ 的相合性。

定理 1：假设 LOT 模型的参数真值为 $\theta_0 = (\beta_0, \alpha_{10}, \alpha_{20}, \sigma_0^2)'$，参数空间 Θ，并且以下假设成立。

假设 1.1　参数真值 θ_0 在 Θ 的内部，$\Theta = R \times R^- \times R^+ \times \Sigma$ 是凸紧集，Σ 的下界 $\inf \Sigma > 0$；

假设 1.2　$\{x_t\}_{t=1}^n$ 独立同分布且有界；

假设 1.3　$E\{x_t\} < \infty$，$E[x_t x_t']$ 是非奇异矩阵；

假设 1.4　给定 $\{x_t\}_{t=1}^n$，ε_t 独立同分布于正态分布 $N(0, \sigma_0^2)$，且 $\{(x_t, \varepsilon_t)\}_{t=1}^n$ 联合独立同分布；

假设 1.5　对于任意的 $\theta = (\beta, \alpha_1, \alpha_2, \sigma^2)' \neq \theta_0$，如下不等式成立：

$$I\{\alpha_1 - \beta R_{mt} < \epsilon_t < \alpha_2 - \beta R_{mt}\} \neq I\{\alpha_{10} - \beta_0 R_{mt} < \epsilon_t < \alpha_{20} - \beta_0 R_{mt}\}$$

那么，

$$\hat{\theta} = (\hat{\beta}, \hat{\alpha}_1, \hat{\alpha}_2, \hat{\sigma}^2)' \xrightarrow{p} \theta_0 \tag{3.6}$$

且 LOT Y – split 估计：

$$\hat{s}_{LOT} = \hat{\alpha}_2 - \hat{\alpha}_1 \xrightarrow{p} s_0 = \alpha_{20} - \alpha_{10} \tag{3.7}$$

上述定理 1 的证明过程主要分为两个部分：

（1）证明 $\hat{Q}_n(\theta)$ 依概率一致收敛到 $Q(\theta)$；

（2）$Q(\theta)$ 在参数真值 θ_0 处取唯一的最大值。

为证明上述两个部分，首先引入以下两个引理。

引理 1：若 $Q(\theta)$，θ_0 和参数空间 Θ 满足以下条件：

（1）参数空间 Θ 是凸集，且 θ_0 在 Θ 的内部；

（2）$\hat{Q}_n(\theta)$ 是凹函数；

（3）$Q(\theta)$ 在参数真值 θ_0 取唯一的最大值；

（4）$\hat{Q}_n(\theta) \xrightarrow{p} Q(\theta)$ 对于所有的 $\theta \in \Theta$。

则有：

$$\hat{\theta} \xrightarrow{p} \theta_0 \qquad (3.8)$$

引理 2：若对于所有的 $\theta \neq \theta_0$，$\theta \in \Theta$，都有 $f(R_t \mid R_{m1}, \cdots, R_{mn}, \theta) \neq f(R_t \mid R_{m1}, \cdots, R_{mn}, \theta_0)$，且对于所有的 $\theta \in \Theta$，都有 $E\{\mid \ln[f(R_t \mid R_{m1}, \cdots, R_{mn}, \theta)]\mid\} < \infty$，则 $Q(\theta)$ 在 θ_0 取唯一的最大值。

引理 1 是纽维和麦克费登（1994）的定理 2.7，是极大似然估计在似然函数是凹函数时的相合性定理。引理 2 是纽维和麦克费登（1994）的引理 2.2，是参数真值可识别性的引理。证明 LOT 模型的极大似然估计 $\hat{\theta}$ 的相合性，仅需要——验证引理 1 中的条件都满足即可。

定理 1 证明：引理 1 的条件（1）由定理 1 的假设（1.1）给出。对于条件（2），根据格林（Greene，2000）和普拉特（Pratt，1981）已有的结论，在对参数进行参数变化 $\bar{\theta} = (\beta/\sigma, \alpha_1/\sigma, \alpha_2/\sigma, 1/\sigma)'$ 后 $\hat{Q}_n(\theta)$ 是凹函数，因此条件（2）满足。

条件（3）的验证需要证明对于 LOT 模型引理 2 成立。取任意 $\theta = (\beta, \alpha_1, \alpha_2, \sigma^2)' \neq \theta_0$，$\theta \in \Theta$，根据定理 1 的假设（1.3），由于 $E[x_t x_t']$ 是非奇异矩阵，因此：

$$\frac{1}{\sigma}\phi\left(\frac{R_t + \alpha_1 - \beta R_{mt}}{\sigma}\right)u_t \neq \frac{1}{\sigma_0}\phi\left(\frac{R_t + \alpha_{10} - \beta_0 R_{mt}}{\sigma_0}\right)u_t \qquad (3.9)$$

$$\frac{1}{\sigma}\phi\left(\frac{R_t + \alpha_2 - \beta R_{mt}}{\sigma}\right)v_t \neq \frac{1}{\sigma_0}\phi\left(\frac{R_t + \alpha_{20} - \beta_0 R_{mt}}{\sigma_0}\right)v_t \qquad (3.10)$$

又因为定理 1 的条件（1.5），有：

$$\left[\Phi\left(\frac{\alpha_2 - \beta R_{mt}}{\sigma}\right) - \Phi\left(\frac{\alpha_1 - \beta R_{mt}}{\sigma}\right)\right]w_t \neq \left[\Phi\left(\frac{\alpha_{20} - \beta_0 R_{mt}}{\sigma_0}\right) - \Phi\left(\frac{\alpha_{10} - \beta_0 R_{mt}}{\sigma_0}\right)\right]w_t$$

$$(3.11)$$

因此，$f(R_t \mid R_{m1}, \cdots, R_{mn}, \theta) \neq f(R_t \mid R_{m1}, \cdots, R_{mn}, \theta_0)$。又因为定理 1 中的假设（1.1），$\Theta$ 是紧集且 $\inf \Sigma > 0$，并且 R_t 和 R_{mt} 均有界，因此存在 $M_0 > 0$，使得 $\mid \ln[f(R_t \mid R_{m1}, \cdots, R_{mn}, \theta)]\mid < M_0$ 和 $E\{\mid \ln[f(R_t \mid R_{m1}, \cdots, R_{mn}, \theta)]\mid\} < M_0 < \infty$ 成立，故引理 2 的条件满足，$Q(\theta)$ 在参数真值 θ_0 取唯一的最大值，即引理 1 的条件（3）成立。

最后验证条件 (4)，即 $\hat{Q}_n(\theta)$ 的大数定律。根据假设 (1.2)，$\{\ell_t(\theta)\}_{t=1}^n$ 独立同分布，根据柯尔莫果洛夫（Kolmogrov）大数定律，即有：

$$\hat{Q}_n(\theta) = \frac{1}{n}\sum_{t=1}^n \ell_t(\theta) \xrightarrow{p} E\{\hat{Q}_n(\theta)\} = E\{\ell_t(\theta)\} = Q(\theta) \qquad (3.12)$$

条件（4）满足。

由此，引理 1 的各个条件均被验证，根据引理 1 可以证明 LOT 模型的极大似然估计具有相合性：

$$\hat{\theta} = (\hat{\beta}, \ \hat{\alpha}_1, \ \hat{\alpha}_2, \ \hat{\sigma}^2)' \xrightarrow{p} \theta_0 \qquad (3.13)$$

$$\hat{s}_{LOT} = \hat{\alpha}_2 - \hat{\alpha}_1 \xrightarrow{p} s_0 = \alpha_{20} - \alpha_{10} \qquad (3.14)$$

定理 1 证毕。

3.3　渐近正态性

相合性从偏差的角度反映了在大样本时估计量的优良性质，但通常参数有不止一个相合估计，不同相合估计的差异可以用估计量的渐近分布的方差来反映，因此渐近正态性也是估计量重要的统计性质之一。本节将在相合性的基础上，对 LOT Y – split 估计的渐近正态性进行证明。

LOT 模型参数的极大似然估计 $\hat{\theta}$ 和 LOT Y – split 估计 $\hat{s}_{LOT}$ 的渐近正态性定理如下。

定理 2：在定理 1 的假设下，做进一步假设。

假设 2.1　$E\{x_t x_t'\} < \infty$；

假设 2.2　信息矩阵 $I = E\left(\dfrac{\partial \ell_t(\theta_0)}{\partial \theta} \dfrac{\partial \ell_t(\theta_0)}{\partial \theta'}\right) = -E\left(\dfrac{\partial^2 \ell_t(\theta_0)}{\partial \theta \partial \theta'}\right)$ 是可逆矩阵；

则：

$$\sqrt{n}(\hat{\theta} - \theta_0) \xrightarrow{d} N(0, \ I^{-1}) \qquad (3.15)$$

交易成本的 LOT Y – split 估计 $\hat{s}_{LOT}$ 的渐近分布为：

$$\sqrt{n}(\hat{s}_{LOT} - s_0) \xrightarrow{d} N[0, (0-110)I^{-1}(0-110)'] \tag{3.16}$$

为了证明定理 2，引入以下引理 3 和引理 4。

引理 3：假设参数空间 Θ 是紧集，函数 $f(\theta)$ 连续，且 $f_n(\theta) - f(\theta) \xrightarrow{P} 0$，$\forall \theta \in \Theta$。如果存在 α 和 $\hat{B}_n = O_p(1)$，使得 $\forall \tilde{\theta}$，$\theta \in \Theta$，$|f_n(\theta) - f(\tilde{\theta})| \leqslant \hat{B}_n \|\theta - \tilde{\theta}\|^{\alpha}$，那么 $\sup\limits_{\theta \in \Theta} |f_n(\theta) - f(\theta)| \xrightarrow{P} 0$。

引理 4：令 $f_n(\omega, \theta)$ 为可测空间 Ω 上的可测函数，并且对于所有 $\omega \in \Omega$，$f_n(\omega, \theta)$ 是关于 θ 的连续函数，对于所有 $\theta \in \Theta$，Θ 是紧集。如果对于所有的 $\theta \in \Theta$，$f_n(\omega, \theta)$ 都依概率一致地收敛到函数 $f(\theta)$，且 $\hat{\theta} \xrightarrow{P} \theta_0$，则 $f_n(\omega, \hat{\theta})$ 依概率一致地收敛到 $f(\theta_0)$。

引理 3 为纽维和麦克费登（1994）的引理 2.9，是利普希茨（Lipschitz）条件下的依概率一致收敛引理。引理 4 是雨宫（1973）的引理 4 中将"几乎处处"替换为"依概率收敛"后的结论，下面对引理 4 进行证明。

引理 4 的证明：对于所有的 $\theta \in \Theta$，$f_n(\omega, \theta)$ 都依概率一致地收敛到 $f(\theta)$，则 $\forall \varepsilon > 0$，$\eta > 0$，$\theta \in \Theta$，存在 $n_1 \in Z^+$，使得：

$$P[|f_n(\omega, \theta) - f(\theta)| > \varepsilon/2] < \eta/2, \quad \forall n > n_1 \tag{3.17}$$

又根据 $f_n(\omega, \theta)$ 是关于 θ 的连续函数，故存在 $\delta > 0$，使得 $\forall \|\hat{\theta} - \theta_0\| < \delta/2$，有：

$$|f_n(\omega, \hat{\theta}) - f_n(\omega, \theta_0)| < \varepsilon/2 \tag{3.18}$$

再根据 $\hat{\theta} \xrightarrow{P} \theta_0$，则对于任意 $\delta > 0$，存在 $n_2 \in Z^+$，使得：

$$P(\|\hat{\theta} - \theta_0\| > \delta/2) < \eta/2, \quad \forall n > n_2 \tag{3.19}$$

取 $n_0 = \max\{n_1, n_2\}$，则 $\forall n > n_0$

$$P[|f_n(\omega, \hat{\theta}) - f(\theta_0)| > \varepsilon] = P[|f_n(\omega, \hat{\theta}) - f_n(\omega, \theta_0) + f_n(\omega, \theta_0) - f(\theta_0)| > \varepsilon]$$

$$\leqslant P\left[|f_n(\omega, \hat{\theta}) - f_n(\omega, \theta_0))| > \frac{\varepsilon}{2}\right]$$

$$+ P\left[|f_n(\omega, \theta_0) - f(\theta_0)| > \frac{\varepsilon}{2}\right]$$

$$= P\left[\ |f_n(\omega,\hat{\theta}) - f_n(\omega,\theta_0))\ | > \frac{\varepsilon}{2},\ \left\|\hat{\theta} - \theta_0\right\| < \frac{\delta}{2}\right]$$

$$+ P\left[\ |f_n(\omega,\hat{\theta}) - f_n(\omega,\theta_0))\ | > \frac{\varepsilon}{2},\ \left\|\hat{\theta} - \theta_0\right\| \geqslant \frac{\delta}{2}\right]$$

$$+ P\left[\ |f_n(\omega,\theta_0) - f(\theta_0)\ | > \frac{\varepsilon}{2}\right]$$

$$\leqslant P\left[\ |f_n(\omega,\hat{\theta}) - f_n(\omega,\theta_0))\ | > \frac{\varepsilon}{2},\ \left\|\hat{\theta} - \theta_0\right\| < \frac{\delta}{2}\right]$$

$$+ P\left(\left\|\hat{\theta} - \theta_0\right\| \geqslant \frac{\delta}{2}\right) + P\left[\ |f_n(\omega,\theta_0) - f(\theta_0)\ | > \frac{\varepsilon}{2}\right]$$

$$< 0 + \eta/2 + \eta/2 = \eta \tag{3.20}$$

因此，$f_n(\omega,\hat{\theta})$ 依概率一致地收敛到 $f(\theta_0)$，引理 4 证毕。

定理 2 的证明：首先对 $\dfrac{\partial \hat{Q}_n(\hat{\theta})}{\partial\theta}$ 在 θ_0 处进行泰勒展开，得到：

$$0 = \frac{\partial \hat{Q}_n(\hat{\theta})}{\partial\theta} = \frac{\partial \hat{Q}_n(\theta_0)}{\partial\theta} + \frac{\partial^2 \hat{Q}_n(\theta^*)}{\partial\theta\partial\theta'}(\hat{\theta} - \theta_0) \tag{3.21}$$

其中，θ^* 是在 $\hat{\theta}$ 和 θ_0 之间直线上的点。整理式（3.21）可得：

$$\sqrt{n}(\hat{\theta} - \theta_0) = -\left[\frac{\partial^2 \hat{Q}_n(\theta^*)}{\partial\theta\partial\theta'}\right]^{-1}\sqrt{n}\,\frac{\partial \hat{Q}_n(\theta_0)}{\partial\theta} \tag{3.22}$$

想要证明定理 2，需要分别证明：

（a）$\dfrac{\partial^2 \hat{Q}_n(\theta^*)}{\partial\theta\partial\theta'}$ 依概率一致地收敛到信息矩阵 I；

（b）$\sqrt{n}\,\dfrac{\partial \hat{Q}_n(\theta_0)}{\partial\theta}\xrightarrow{d} N(0,\ I)$。

对于（a），首先根据柯尔莫果洛夫大数定律，得到：

$$\frac{\partial^2 \hat{Q}_n(\theta^*)}{\partial\theta\partial\theta'}\xrightarrow{P} E\left[\frac{\partial^2 \hat{Q}_n(\theta^*)}{\partial\theta\partial\theta'}\right] = E\left[\frac{\partial^2 \ell_t(\theta^*)}{\partial\theta\partial\theta'}\right] \tag{3.23}$$

为了证明式（3.23）的依概率收敛是一致的，只需验证引理 3 中的条件成立。根据中值定理，$\forall \tilde{\theta},\ \theta \in \Theta$，有：

$$\left|\frac{\partial^2 \hat{Q}_n(\theta)}{\partial\theta\partial\theta'} - \frac{\partial^2 \hat{Q}_n(\tilde{\theta})}{\partial\theta\partial\theta'}\right| \leqslant \left|\frac{\partial^3 \hat{Q}_n(\theta^{**})}{\partial\theta\partial\theta'\partial\theta}\right| \cdot \left\|\theta - \tilde{\theta}\right\| \tag{3.24}$$

由于 $\left| \dfrac{\partial^3 \hat{Q}_n(\theta^{**})}{\partial\theta\partial\theta'\partial\theta} \right|$ 有界，因此可以取 $\alpha = 1$，$\hat{B}_n = \left| \dfrac{\partial^3 \hat{Q}_n(\theta^{**})}{\partial\theta\partial\theta'\partial\theta} \right| = O_p(1)$，由此可得（3.23）中的收敛是一致的。又根据定理 1 的 $\hat{\theta}$ 相合性和引理 4，即有（a）成立。

对于（b），首先容易验证：

$$E\left\{ \frac{\partial \ell_t(\theta_0)}{\partial\theta} \right\} = 0 \qquad (3.25)$$

又由 $\dfrac{\partial \ell_t(\theta_0)}{\partial\theta}$ 独立同分布，有：

$$n E\left[\frac{\partial \hat{Q}_n(\theta_0)}{\partial\theta} \frac{\partial \hat{Q}_n(\theta_0)}{\partial\theta'} \right] = \frac{1}{n} \sum_{1 \leqslant t \neq s \leqslant n} E\left[\frac{\partial \ell_s(\theta_0)}{\partial\theta} \frac{\partial \ell_t(\theta_0)}{\partial\theta'} \right]$$
$$+ \frac{1}{n} \sum_{t=1}^{n} E\left[\frac{\partial^2 \ell_t(\theta_0)}{\partial\theta\partial\theta'} \right] = I \qquad (3.26)$$

根据林德伯格—列维（Lindebeg – Levy）中心极限定理，有：

$$\sqrt{n} \frac{\partial \hat{Q}_n(\theta_0)}{\partial\theta} \xrightarrow{d} N(0, \ I) \qquad (3.27)$$

（b）得证。

结合（a）（b）和斯拉茨基（Slutsky）定理，即可得到定理 2 中的结论。定理 2 证毕。

定理 1 和定理 2 分别给出了 LOT Y – split 估计的精度性质和渐近分布。定理 1 表明，LOT Y – split 估计在大样本情形下具有良好的估计精度；定理 2 则给出了 LOT Y – split 估计的渐近效率，为进一步将 LOT Y – split 估计与其他估计进行比较提供了理论基础。

3.4　估计误差的影响因素

第 2 章数值模拟的结果显示，在同样的交易成本 s 的设置下，随着 σ 与 s 之间的相对大小 σ/s 的增大，LOT Y – split 估计的平均绝对误差（MAE）和均方根误差（RMSE）都有逐渐变大的趋势。也就是说，固定 s

的大小，σ 越大，LOT 估计的估计精度越低，这一现象表明，σ 的大小或者 σ/s 的大小会影响 s 的估计误差。本节将对这一现象进行研究，讨论 σ 对 LOT Y-split 估计的估计精度的影响。

3.4.1　模型设置

在 LOT 模型中，σ 是真实收益率 R_t^* 的标准差，σ 的大小与收益率计算的频率有关。为了控制 σ 的大小，我们首先对收益率和价格的生成机制进行模拟。假设真实收益率由股票的真实价格计算得到，参照科温和舒尔茨（2012）的价格生成机制，假设股票的初始真实价格为 100 美元，每天的交易时间为 5.5 小时，即 19800 秒。每秒的真实价格 p_t^* 由以下模型生成：

$$p_t^* = p_{t-1}^* \cdot \exp\left\{ X_t \cdot \sigma / \sqrt{19800} \right\} \tag{3.28}$$

其中，X_t 为服从标准正态分布的随机变量，σ^2 为真实价格的日度波动率。对每秒钟的真实价格 p_t^* 取对数并进行差分，可以得到每秒的真实收益率序列 R_t^*。根据式（3.28），此时的 LOT 模型具有形式：

$$R_t^* = X_t \cdot \sigma^* \tag{3.29}$$

$$R_t = \begin{cases} R_t^* - \alpha_1, & \text{如果 } R_t^* < \alpha_1; \\ 0, & \text{如果 } \alpha_1 \leqslant R_t^* \leqslant \alpha_2; \\ R_t^* - \alpha_2, & \text{如果 } R_t^* > \alpha_2. \end{cases} \tag{3.30}$$

其中，$\sigma^* = \sigma / \sqrt{19800}$。若计算收益率的频率为每隔 M 秒计算一次，将每 M 秒的真实收益率记为 R_t^{M*}，则 R_t^{M*} 和相应的 LOT 模型为：

$$R_t^{M*} = X_t \cdot \sigma_M^* \tag{3.31}$$

$$R_t^M = \begin{cases} R_t^{M*} - \alpha_1, & \text{如果 } R_t^{M*} < \alpha_1; \\ 0, & \text{如果 } \alpha_1 \leqslant R_t^{M*} \leqslant \alpha_2; \\ R_t^{M*} - \alpha_2, & \text{如果 } R_t^{M*} > \alpha_2. \end{cases} \tag{3.32}$$

其中，$\sigma_M^* = \sigma \sqrt{M} / \sqrt{19800}$。若取 M = 19800，即计算的为资产的日度收

益率，则有：

$$\sigma_M^* = \sigma \sqrt{19800} / \sqrt{19800} = \sigma \qquad\qquad (3.33)$$

也就是说，当 M = 19800 时，模型式（3.31）中真实价格的波动率 σ_M^{*2} 等价于原始的 LOT 模型中真实收益率的方差 σ^2。通过控制收益率的计算频率，可以相应地控制 LOT 模型中 σ 的大小。计算的频率越高，M 越小，模型式（3.31）中的 σ_M^* 越小。

3.4.2 数值模拟分析

本节通过数值模拟的方法，根据式（3.31）和式（3.32）模拟不同的 σ/s 设置以及不同的收益率计算频率得到的 LOT Y – split 估计的情况，并比较不同设置条件下 LOT Y – split 估计的估计精度。模型中参数的具体设置与第 2 章的模拟研究相同，此外，式（3.31）和式（3.32）中收益率的计算频率分别取 5 分钟、15 分钟、30 分钟、1 小时、2 小时和 1 天。

表 3 – 1 ~ 表 3 – 3 分别给出了当 s = 0.002，s = 0.006 和 s = 0.01 时，不同的 σ/s 和收益率频率设置条件下 LOT Y – split 估计的偏差（bias）、平均绝对误差（MAE）和均方根误差（RMSE）（定义与第 2 章相同）。表中的 Zeros 表示每次模拟中的零收益率的发生频率。以 s = 0.002 为例进行分析。

（1）当 $\sigma/s = 0.5$ 时，收益率的频率为 5 分钟、15 分钟和 30 分钟时零收益率出现的频率接近 1，此时无法得到 s 的估计结果。当取收益率的频率为 1 天时，得到的估计误差 MAE 和 RMSE 要小于收益率的频率为 1 小时和 2 小时的估计误差；

（2）当 $\sigma/s = 0.75$ 时，与 $\sigma/s = 0.5$ 时类似，当收益率频率为 5 分钟和 15 分钟时，由于零收益率出现的频率接近 1，无法得到 s 的估计结果。比较收益率频率为 30 分钟、1 小时、2 小时和 1 天的情况发现，当频率取 2 小时，可以达到最优的估计误差；

（3）当 $\sigma/s = 1$ 时，同样有收益率频率为 5 分钟时无法得到 s 的估计的情况，而在其他收益率频率中，2 小时的收益率序列得到的 s 的估计具有最高的估计精度；

（4）当 $\sigma/s = 2$，6，10 时，在各收益率计算频率情形下均可以得到 s 的估计结果。其中当 $\sigma/s = 2$ 时，以每 30 分钟的频率计算收益率得到的 s 的估计精度最高；当 $\sigma/s = 6$ 时，以每 15 分钟的频率计算的收益率得到的估计精度最高；当 $\sigma/s = 10$ 时，以每 5 分钟的频率计算收益率得到的估计精度最高。

综合上述四点可以看出，当 σ/s 逐渐增大时，能够得到最优的估计精度的收益率频率也逐渐变高。表 3 - 2 和表 3 - 3 中，当 $s = 0.006$ 和 $s = 0.01$ 时也有类似的结果。

表 3 - 1　模拟天数为 250 天时取不同收益率频率情形下的估计误差结果（$s = 0.002$）

参数设置	评价指标	5 分钟	15 分钟	30 分钟	1 小时	2 小时	1 天
$\sigma/s = 1/2$	bias	—	—	—	2.2938	0.9513	0.2013
	MAE	—	—	—	2.2938	0.9513	0.2355
	RMSE	—	—	—	2.3616	1.0012	0.5146
	Zeros	1.0000	0.9999	0.9953	0.9543	0.8426	0.6821
$\sigma/s = 3/4$	bias	—	—	1.8558	0.7621	0.1246	0.0436
	MAE	—	—	1.8558	0.7621	0.1868	0.2173
	RMSE	—	—	1.8573	0.7709	0.4060	0.4712
	Zeros	1.0000	0.9924	0.9406	0.8177	0.6538	0.4939
$\sigma/s = 1$	bias	—	2.1496	0.9419	0.1725	0.0498	0.6323
	MAE	—	2.1496	0.9419	0.1793	0.1592	0.7735
	RMSE	—	2.1739	0.9791	0.5397	0.3741	1.9356
	Zeros	0.9995	0.9546	0.8430	0.6828	0.5209	0.3828
$\sigma/s = 2$	bias	1.5491	0.1549	0.0650	0.5660	0.0273	0.0172
	MAE	1.5491	0.1577	0.1182	0.6277	0.1632	0.2420
	RMSE	1.5556	0.4840	0.2152	1.7625	0.4574	0.3333
	Zeros	0.9166	0.6828	0.5199	0.3826	0.2755	0.1958

续表

参数设置	评价指标	5 分钟	15 分钟	30 分钟	1 小时	2 小时	1 天
$\sigma/s = 6$	bias	0.5325	0.0337	0.0314	0.0302	0.0211	0.0165
	MAE	0.5446	0.0728	0.0964	0.1486	0.2441	0.3970
	RMSE	1.5435	0.1097	0.1257	0.1897	0.3045	0.5007
	Zeros	0.4361	0.2613	0.1864	0.1326	0.0936	0.0659
$\sigma/s = 10$	bias	0.0342	0.0270	0.0285	0.0101	0.0200	0.0506
	MAE	0.0525	0.0785	0.1203	0.1861	0.2971	0.5138
	RMSE	0.1057	0.1205	0.1511	0.2331	0.3775	0.6490
	Zeros	0.2713	0.1586	0.1126	0.0793	0.0564	0.0399

注：此表的参数设置为 $\alpha_1 = -0.001$，$s = 0.002$。Bias 表示估计结果与真值的偏差，MAE 表示平均绝对误差，RMSE 表示均方根误差，Zeros 表示当前参数设置条件下模拟中零收益率出现的频率。除了 Zeros 以外，表中其他数值均乘以 10^3。如无特殊说明，本章其余表格同。

表 3 - 2　模拟天数为 250 天时取不同收益率频率情形下的估计误差结果（$s = 0.006$）

参数设置	评价指标	5 分钟	15 分钟	30 分钟	1 小时	2 小时	1 天
$\sigma/s = 1/2$	bias	—	—	—	-0.0477	0.0058	0.0985
	MAE	—	—	—	0.6941	0.5736	0.4207
	RMSE	—	—	—	0.8824	0.7190	0.5272
	Zeros	1.0000	0.9999	0.9954	0.9552	0.8450	0.6894
$\sigma/s = 3/4$	bias	—	—	-0.0174	0.0011	0.0594	0.0029
	MAE	—	—	0.4192	0.3641	0.4169	0.5887
	RMSE	—	—	0.5189	0.4590	0.5124	0.7495
	Zeros	1.0000	0.9924	0.9404	0.8166	0.6536	0.4910
$\sigma/s = 1$	bias	—	-0.0811	-0.0139	1.7909	0.0392	0.0050
	MAE	—	0.3448	0.2694	0.2057	0.3834	0.6024
	RMSE	—	0.4380	0.3320	0.2918	0.4923	0.7736
	Zeros	0.9995	0.9544	0.8426	0.6845	0.5213	0.3811

续表

参数设置	评价指标	5 分钟	15 分钟	30 分钟	1 小时	2 小时	1 天
$\sigma/s = 2$	bias	-0.0334	0.0916	0.0684	0.0877	-0.0041	-0.0564
	MAE	0.2002	0.1462	0.2241	0.3630	0.4515	0.6861
	RMSE	0.4431	0.1831	0.3262	1.1518	0.5778	0.8675
	Zeros	0.9168	0.6840	0.5213	0.3835	0.2757	0.1959
$\sigma/s = 6$	bias	0.0591	0.0283	0.0087	-0.0053	0.0307	0.0225
	MAE	0.1310	0.1635	0.2606	0.4348	0.7086	1.2547
	RMSE	0.2091	0.7273	0.3292	0.5503	0.8844	1.5389
	Zeros	0.4357	0.2610	0.1858	0.1316	0.0938	0.0658
$\sigma/s = 10$	bias	0.0263	0.0351	0.0108	0.0061	0.0232	0.0569
	MAE	0.1017	0.2206	0.3257	0.5674	0.8908	1.4795
	RMSE	0.1313	0.6978	0.4098	0.7190	1.1070	1.8676
	Zeros	0.2710	0.1586	0.1125	0.0796	0.0563	0.0395

注：此表的参数设置为 $\alpha_1 = -0.003$，$s = 0.006$。

表 3-3　模拟天数为 250 天时取不同收益率频率情形下的估计误差结果（$s = 0.01$）

参数设置	评价指标	5 分钟	15 分钟	30 分钟	1 小时	2 小时	1 天
$\sigma/s = 1/2$	bias	—	—	—	0.0333	0.1164	0.2968
	MAE	—	—	—	1.1105	0.9156	1.0188
	RMSE	—	—	—	1.4448	1.1741	1.3181
	Zeros	1.0000	0.9999	0.9953	0.9549	0.8438	0.6885
$\sigma/s = 3/4$	bias	—	—	-0.0388	0.0447	0.1227	-0.1533
	MAE	—	—	0.6439	0.5635	0.7743	1.1363
	RMSE	—	—	0.8235	0.7166	0.9689	1.3918
	Zeros	1.0000	0.9925	0.9412	0.8176	0.6554	0.4885
$\sigma/s = 1$	bias	—	0.0103	0.1227	0.1888	0.3325	0.0269
	MAE	—	0.5493	0.4528	0.5504	0.9357	0.9627
	RMSE	—	0.6697	0.5807	0.7078	3.9755	1.2407
	Zeros	0.9994	0.9543	0.8436	0.6862	0.5223	0.3824

参数设置	评价指标	5 分钟	15 分钟	30 分钟	1 小时	2 小时	1 天
$\sigma/s=2$	bias	- 0.0030	0.0027	0.1859	0.0094	0.0532	0.1333
	MAE	0.2917	0.2806	0.5009	0.4997	0.6928	1.2740
	RMSE	0.4077	0.3367	0.7223	0.6056	0.8742	1.6334
	Zeros	0.9164	0.6825	0.5196	0.3821	0.2769	0.1987
$\sigma/s=6$	bias	0.0224	0.0166	0.0335	0.0529	- 0.0996	0.0610
	MAE	0.1408	0.2710	0.4588	0.7404	1.2179	2.0454
	RMSE	0.1765	0.3452	0.5739	0.9188	1.5211	2.5810
	Zeros	0.4360	0.2610	0.1865	0.1328	0.0929	0.0663
$\sigma/s=10$	bias	0.0118	0.0302	0.0412	0.0789	- 0.0404	0.1364
	MAE	0.1583	0.3286	0.5394	0.9128	1.4760	2.5158
	RMSE	0.1977	0.4103	0.6816	1.1406	1.8762	3.1588
	Zeros	0.2708	0.1587	0.1127	0.0801	0.0560	0.0397

注：此表的参数设置为 $\alpha_1 = -0.005$，$s = 0.01$。

3.4.3 问题与讨论

从表 3-1 ~ 表 3-3 的模拟结果可以看出，当式（3.31）中的 σ_M^* 越小时，LOT Y-split 估计的精度越高，这与第 2 章的模拟结果一致。综合第 2 章和本章的数值模拟结果可以得出，LOT 模型中 σ 的大小会影响 LOT Y-split 估计的精度。事实上，σ 的大小会直接影响零收益率发生的概率。图 3.1 显示了固定 σ 的大小，不同 σ/s 的取值情形下收益率数据被删失的范围的大小比较（固定 s 的取值，让 σ/s 取不同值的图像与图 3.1 类似）。图中的曲线为收益率的密度曲线，是方差为 σ^2 的正态分布，两条虚线之间的距离为 s 的大小。可以看出，σ/s 越大，收益率落入两条曲线之间的概率越小，即 LOT 模型中零收益率发生的概率越小。这说明 σ/s 的大小决定了资产零收益率发生概率的大小。

　　莱斯蒙德等（1999）提出 LOT 模型时指出，当交易成本过大时，交易者会减少对资产的交易，从而资产会有更多的零收益率发生，因此他们也将零收益率发生的频率 Zeros 作为衡量交易成本大小的度量方法之一：零收益率发生的频率越高，表示交易成本越大。而本节的研究表明，零收益率发生的概率不仅与交易成本 s 的大小有关，而且模型中收益率的标准差 σ 也对零收益率发生的概率起着决定性作用。在相同的 s 的取值情形下，不同的 σ 同样会导致零收益率发生的频率的不同，零收益率的发生概率由 s 和 σ 共同决定，包含 s 和 σ 两方面信息。因此，根据零收益率是否发生而建立的衡量交易成本大小的 LOT 模型不仅反映了交易成本对收益率的作用，也包含了收益率波动大小对收益率是否能够被观测的作用，忽视波动在其中的影响可能会造成一定的估计偏差。

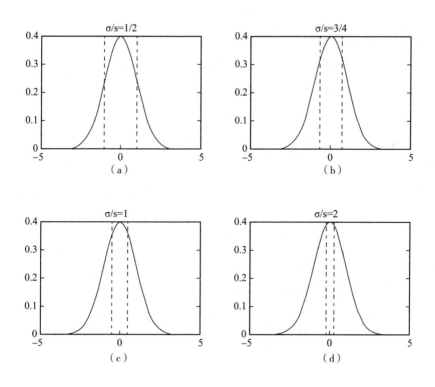

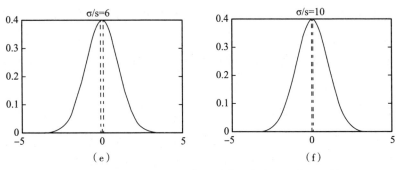

图 3.1   不同的 σ/s 取值情形下被删失的数据范围比较

3.5   本 章 总 结

本章是在第 2 章数值模拟分析的基础上，从理论上对 LOT Y - split 估计的统计性质进行证明。本章主要对 LOT Y - split 估计的相合性和渐近正态性进行了推导。相合性的结果表明，LOT Y - split 估计在大样本情形下具有很高的估计精度；而渐近正态性不仅给出了 LOT Y - split 估计的渐近分布，而且可以得到其渐近方差，为进一步对 LOT Y - split 进行统计推断（如假设检验、估计比较等）提供了理论依据。

此外，本章还对 LOT 模型中收益率的标准差 σ 对 LOT Y - split 估计的估计精度的影响进行了讨论。模拟研究的结果显示，模型中的 σ 越小，LOT 估计的精度越高。同时还发现，σ 与交易成本 s 的相对大小决定了零收益率发生的概率，σ/s 越小，零收益率发生的概率越大。LOT 模型是根据零收益率发生的情况来刻画交易成本对收益率的作用，从而反映交易成本的大小。而本章的结果显示，零收益率是否发生是由交易成本 s 和 σ 同时决定的。如果忽视 σ 对零收益率的作用，可能会造成对真实交易成本估计的不准确性。如何在 LOT 模型的零收益率发生的条件下进一步考虑 σ 的作用，还需进行后续研究。

第 4 章

LOT 度量的贝叶斯估计

4.1 引 言

目前，文献中关于 LOT 度量的研究都是围绕其极大似然估计 LOT Y – split 估计进行的。在前几章中，我们对 LOT Y – split 估计进行了计算方法和统计性质的研究，证明了其在理论上具有良好的估计性质，但极大似然估计是否是 LOT 度量最优的估计方法还没有相关讨论。LOT 模型是一类具有删失结构的模型，存在删失数据（censored data），即模型中 $R_t = 0$ 的情况，以及无法被直接观测到的潜变量（latent variable），即真实收益率 R_t^*。对于这类模型，数据缺失造成了模型的似然函数具有较为复杂的形式，使得其极大似然估计无法得到显示解。在实际应用中，似然函数的复杂形式可能会导致在优化过程中出现计算问题，如局部最优解等，从而使得估计结果具有较大的偏差。对于这类具有删失数据和潜变量的模型，以往的研究表明，贝叶斯的估计方法相比极大似然估计具有更好的适用性。因此在本章中，我们对 LOT 度量的估计方法进行扩展，使用贝叶斯方法进行估计，并对贝叶斯方法和极大似然估计的效果进行比较。

不同于经典统计学中将模型的参数看作客观确定的常数，贝叶斯统计将模型中的参数看作服从一定分布的随机变量。首先根据已有信息设置参数的先验分布（prior distribution），再利用样本中的信息（即似然函数）和贝叶斯公式，对参数的信息进行更新，得到参数的后验分布（posterior distribution），从参数的后验分布中进行随机抽样，由此得到参数的估计结果。贝叶斯的估计方法自提出以来，被广泛应用到各种模型的参数估计中，其中，在具有缺失数据（missing data）和混合分布（mixed distribution）的问题上，贝叶斯估计相比其他估计方法具有显著的估计优势。

目前，关于 Tobit 模型的贝叶斯估计方法已经有了一些研究成果，例如，奇夫（Chib，1992）最早建立了标准的 Tobit 模型的贝叶斯估计方法，他将 Gibbs 抽样与覃纳和王（Tanner & Wong，1987）提出的数据扩充方法（data augmentation）相结合，得到了适用于 Tobit 模型的贝叶斯估计算法。此后，关于各类扩展的 Tobit 模型的贝叶斯估计也有丰富的研究和应用，例如，魏（Wei，1999）对动态 Tobit 模型建立了贝叶斯估计方法；虞和斯坦德（Yu & Stander，2007）对 Tobit 分位数回归模型建立了相应的贝叶斯估计方法；李和郑（Li & Zheng，2008）对动态 Tobit 模型建立了半参数贝叶斯估计方法；等等。这些研究结果均表明，贝叶斯估计对 Tobit 模型及其扩展模型具有很好的适用性。

LOT 模型是一种特殊的 Tobit 模型，具有两个未知的删失临界值，对于这类模型的贝叶斯估计还没有相应的讨论。本章将基于奇夫（1992）对标准 Tobit 模型建立的贝叶斯算法，提出 LOT 模型的贝叶斯估计方法，并比较新的估计与 LOT Y – split 估计的估计效果，为 LOT 度量的估计提供新的思路。

4.2　LOT 度量的贝叶斯算法

在 LOT 模型式（1.22）中，当真实收益率 R_t^* 落在区间 $[\alpha_1, \alpha_2]$ 内时，可观测收益率 $R_t = 0$，无法观测到 R_t^* 的具体取值，使得式（4.1）的似然函数在 $U_0 = \{R_t = 0\}$ 的部分具有较为复杂的形式，造成极大似然估计的估计困难。

$$L(\beta, \alpha_1, \alpha_2, \sigma^2) = \prod_{t \in U_1} \frac{1}{\sigma} \phi\left(\frac{R_t + \alpha_1 - \beta R_{mt}}{\sigma}\right) I(R_t < 0)$$

$$\prod_{t \in U_2} \frac{1}{\sigma} \phi\left(\frac{R_t + \alpha_2 - \beta R_{mt}}{\sigma}\right) I(R_t < 0)$$

$$\prod_{t \in U_0} \left[\Phi\left(\frac{\alpha_2 - \beta R_{mt}}{\sigma}\right) - \Phi\left(\frac{\alpha_1 - \beta R_{mt}}{\sigma}\right) \right] I(R_t = 0)$$

$$(4.1)$$

其中 $I(\cdot)$ 表示示性函数。

贝叶斯估计方法的基本思想是利用贝叶斯公式，根据样本中的信息（似然函数）对参数的先验分布进行"更新"，得到参数的后验分布，从而进行参数估计。由于式（4.1）的似然函数在 $U_0 = \{R_t = 0\}$ 的形式较为复杂，若直接用其进行后验分布的计算，会使后验密度函数具有十分复杂的形式，造成计算和抽样困难。因此，在建立 LOT 模型的贝叶斯估计时需先对模型中被删失的情况进行处理，再进行后验分布的计算和抽样。具体而言，LOT 模型的贝叶斯估计分为以下两个步骤。

（1）数据扩充。补充被删失的数据信息，简化模型的似然函数；

（2）Gibbs 抽样。计算参数的后验分布，根据参数的条件后验分布进行 Gibbs 抽样，计算后验均值，得到贝叶斯估计结果。

4.2.1　数 据 扩 充

首先使用数据扩充的方法对模型中缺失的数据信息进行补充。数据扩充法由覃纳和王（1987）提出，其基本思路是根据缺失数据服从的分布进行随机抽样，利用抽取的数据补充被删失的信息。盖尔芬德和史密斯（Gelfand & Smith，1990）的研究表明，数据扩充法得到的估计结果具有良好的统计性质，有一定的可行性。对于 LOT 模型，数据扩充法的具体做法如下。

对于每一个被删失的可观测收益率 $R_t \in U_0 = \{R_t = 0\}$，将其对应的潜

变量真实收益率 R_t^* 记为 z_t，根据 LOT 模型，z_t 应当满足以下条件：

$$z_t = \beta R_{mt} + \varepsilon_t, \quad \alpha_1 \leqslant z_t \leqslant \alpha_2 \qquad (4.2)$$

给定参数 $\theta = (\beta, \alpha_1, \alpha_2, \sigma^2)'$，根据式（4.2）和 ε_t 的正态性假设，可以得到 z_t 是服从均值为 βR_{mt}，方差为 σ^2，支撑（supporting）为 $[\alpha_1, \alpha_2]$ 的截断正态分布的随机变量。根据 z_t 的分布，对这些无法被直接观测到的潜变量 z_t 进行随机抽样，从而对原始数据进行"扩充"。将抽样得到的 z_t 与未被删失的两个区域 $U_1 = \{R_t < 0\}$ 和 $U_2 = \{R_t > 0\}$ 中的数据合并，合并后的数据集称为"完整数据集"（complete data），如式（4.3）所示的完整数据集的似然函数称为"完整似然函数"（complete likelihood function）：

$$L(R_t, z_t \mid \beta, \alpha_1, \alpha_2, \sigma^2) = (\sigma^2)^{-n/2} \exp\left\{ -\frac{1}{2\sigma^2} \Big[\sum_{t \in U_1} (R_t - \beta R_{mt} + \alpha_1)^2 I(R_t^* < \alpha_1) \right.$$

$$+ \sum_{t \in U_2} (R_t - \beta R_{mt} + \alpha_2)^2 I(R_t^* > \alpha_2)$$

$$\left. + \sum_{t \in U_0} (z_t - \beta R_{mt})^2 I(\alpha_1 \leqslant z_t \leqslant \alpha_2) \Big] \right\} \qquad (4.3)$$

对比式（4.1）和式（4.3）可以看到，完整似然函数式（4.3）在 U_0 处具有较为简单的形式，便于后续的后验分布的计算和抽样。

4.2.2 参数的条件后验分布及 Gibbs 抽样算法

在进行了数据扩充后，得到的完整似然函数式（4.3）具有类似简单线性回归的似然函数的形式。对于线性回归模型，其参数的贝叶斯估计方法已经较为成熟。本节在数据扩充得到的完整似然函数的基础上，参照线性回归模型的贝叶斯估计方法，对 LOT 模型的参数进行贝叶斯估计。

假设参数的先验分布为如下共轭先验分布（conjugate prior distributions）：

$$\beta \sim N(\beta_0, \sigma_0^2)$$

$$\alpha_1 \sim N(\alpha_{10}, \sigma_1^2)$$

$$\alpha_2 \sim N(\alpha_{20},\ \sigma_2^2)$$

$$\sigma^2 \sim IG(a_0,\ b_0) \tag{4.4}$$

其中，$IG(\cdot)$ 表示逆伽马分布。记 $\pi(\beta)$，$\pi(\alpha_1)$，$\pi(\alpha_2)$，$\pi(\sigma^2)$ 分别为各个参数的先验密度函数。根据贝叶斯公式，将先验分布的密度函数与完整似然函数式（4.3）相乘，整理得到参数的后验联合密度 $\pi(\beta,$ $\alpha_1,\ \alpha_2,\ \sigma^2 \mid R_t,\ z_t)$ 为：

$$\pi(\beta,\ \alpha_1,\ \alpha_2,\ \sigma^2 \mid R_t,\ z_t) \propto L(R_t,\ z_t \mid \beta,\ \alpha_1,\ \alpha_2,\ \sigma^2)\pi(\beta)\pi(\alpha_1)\pi(\alpha_2)\pi(\sigma^2)$$

$$\propto (\sigma^2)^{-n/2}\exp\Big\{ -\frac{1}{2\sigma^2}\Big[\sum_{t \in U_1}(R_t - \beta R_{mt} + \alpha_1)^2 I(R_t^* < \alpha_1) +$$

$$\sum_{t \in U_2}(R_t - \beta R_{mt} + \alpha_2)^2 I(R_t^* > \alpha_2) +$$

$$\sum_{t \in U_0}(z_t - \beta R_{mt})^2 I(\alpha_1 \leqslant z_t \leqslant \alpha_2)\Big] \Big\}$$

$$\cdot \frac{1}{\sigma_0^2}\exp\Big\{ -\frac{1}{2\sigma_0^2}(\beta - \beta_0^2) \Big\}$$

$$\cdot \frac{1}{\sigma_1^2}\exp\Big\{ -\frac{1}{2\sigma_1^2}(\alpha_1 - \alpha_{10}^2) \Big\}$$

$$\cdot \frac{1}{\sigma_2^2}\exp\Big\{ -\frac{1}{2\sigma_2^2}(\alpha_2 - \alpha_{20}^2) \Big\}$$

$$\cdot \sigma^{-a_0-1}\exp\Big\{ \frac{b_0}{\sigma^2} \Big\} \tag{4.5}$$

由于 LOT 模型具有 4 个未知参数，直接从参数的后验联合分布进行抽样较为困难，因此考虑采用 Gibbs 抽样的方法，计算每个参数在给定数据和其他参数后的条件后验分布，利用条件后验分布进行迭代抽样，达到收敛后用后验抽样的均值作为近似的联合后验分布抽样的结果。

记 $\pi(\beta \mid \alpha_1,\ \alpha_2,\ \sigma^2,\ R_t,\ z_t)$，$\pi(\alpha_1 \mid \beta,\ \alpha_2,\ \sigma^2,\ R_t,\ z_t)$，$\pi(\alpha_2 \mid \beta,$ $\alpha_1,\ \sigma^2,\ R_t,\ z_t)$ 和 $\pi(\sigma^2 \mid \beta,\ \alpha_1,\ \alpha_2,\ R_t,\ z_t)$ 分别表示参数 β，α_1，α_2，σ^2 的条件后验密度函数。提取式（4.5）中与 β 有关的部分，可以得到 β 的条件后验密度为：

$$\pi(\beta \mid \alpha_1,\ \alpha_2,\ \sigma^2,\ R_t,\ z_t) \propto \pi(\beta,\ \alpha_1,\ \alpha_2,\ \sigma^2 \mid R_t,\ z_t)$$

$$\propto \exp\left\{-\frac{1}{2\sigma^2}\left[\sum_{t \in U_1}(R_t - \beta R_{mt} + \alpha_1)^2 + \right.\right.$$

$$\sum_{t \in U_2}(R_t - \beta R_{mt} + \alpha_2)^2 + \sum_{t \in U_0}(z_t - \beta R_{mt})^2\right]$$

$$\left.-\frac{1}{2\sigma_0^2}(\beta - \beta_0)^2\right\} \tag{4.6}$$

整理可知：

$$\pi(\beta \mid \alpha_1, \alpha_2, \sigma^2, R_t, z_t) \sim N\left(\beta_{post}, \left(\sigma^{-2}\sum_t R_{mt}^2 + \sigma_0^{-2}\right)^{-1}\right) \tag{4.7}$$

其中，

$$\beta_{post} = \frac{\sigma^{-2}\sum_{t \in U_1}(R_t + \alpha_1)R_{mt} + \sigma^{-2}\sum_{t \in U_2}(R_t + \alpha_2)R_{mt}}{\sigma^{-2}\sum_t R_{mt}^2 + \sigma_0^{-2}} + \frac{\sigma^{-2}\sum_{t \in U_0}z_t R_{mt} + \sigma_0^{-2}\beta_0}{\sigma^{-2}\sum_t R_{mt}^2 + \sigma_0^{-2}}$$

$$\tag{4.8}$$

类似地，可以得到 α_1，α_2，σ^2 的条件后验分布分别为：

$$\pi(\alpha_1 \mid \beta, \alpha_2, \sigma^2, R_t, z_t) \sim TN_{(-\infty, \min\{z_t, t \in U_0\}]}\left[\alpha_{1,post}, \left(\sigma^{-2}n_1 + \sigma_1^{-2}\right)^{-1}\right]$$

$$\tag{4.9}$$

$$\pi(\alpha_2 \mid \beta, \alpha_1, \sigma^2, R_t, z_t) \sim TN_{[\max\{z_t, t \in U_0\}, +\infty)}\left[\alpha_{2,post}, \left(\sigma^{-2}n_2 + \sigma_2^{-2}\right)^{-1}\right]$$

$$\tag{4.10}$$

$$\pi(\sigma^2 \mid \beta, \alpha_1, \alpha_2, R_t, z_t) \sim IG\left(a_0 + \frac{n}{2}, b_{post}\right) \tag{4.11}$$

其中，n 是样本量，$n_1 = \#\{t: t \in U_1\}$，$n_2 = \#\{t: t \in U_2\}$。后验分布中的参数为：

$$\alpha_{1,post} = \frac{\sigma^{-2}\sum_{t \in U_1}(\beta R_{mt} - R_t) + \sigma_1^{-2}\alpha_{10}}{\sigma^{-2}n_1 + \sigma_1^{-2}} \tag{4.12}$$

$$\alpha_{2,post} = \frac{\sigma^{-2}\sum_{t \in U_2}(\beta R_{mt} - R_t) + \sigma_2^{-2}\alpha_{20}}{\sigma^{-2}n_2 + \sigma_2^{-2}} \tag{4.13}$$

$$b_{post} = b_0 + \frac{1}{2}\left[\sum_{t \in U_1}(R_t - \beta R_{mt} + \alpha_1)^2 + \sum_{t \in U_2}(R_t - \beta R_{mt} + \alpha_2)^2\right.$$

$$+ \sum_{t \in U_0} (z_t - \beta R_{mt})^2 \,] \qquad\qquad (4.14)$$

值得注意的是，α_1 和 α_2 的条件后验分布不是正态分布，而是截断正态分布，分布的取值范围分别为 $(-\infty, \min\{z_t, t \in U_0\}]$ 和 $[\max\{z_t, t \in U_0\}, +\infty)$，这是由式（4.3）中的示性函数得到的。记 U_{α_1} 为 α_1 的后验分布的取值范围，U_{α_2} 为 α_2 的后验分布的取值范围。为了保证样本被分到三个区域 U_0、U_1、U_2 中，参数必须满足：

$$\forall t \in U_1, \ R_t^* < \alpha_1 \qquad\qquad (4.15)$$

$$\forall t \in U_2, \ R_t^* > \alpha_2 \qquad\qquad (4.16)$$

$$\forall t \in U_0, \ \alpha_1 \leqslant z_t \leqslant \alpha_2 \qquad\qquad (4.17)$$

根据 LOT 模型，当 $t \in U_1$ 时，有 $R_t^* = R_t + \alpha_1$，当 $t \in U_2$ 时，有 $R_t^* = R_t + \alpha_2$。由此可得式（4.15）和式（4.16）中的条件自然成立。再根据式（4.17），α_1 和 α_2 必须满足 $\alpha_1 \leqslant z_t$，$\forall t \in U_0$ 以及 $\alpha_2 \geqslant z_t$，$\forall t \in U_0$，由此可以得到：

$$U_{\alpha_1} = \{\alpha_1 \mid \alpha_1 \leqslant z_t, \ t \in U_0\} = (-\infty, \ \min\{z_t, \ t \in U_0\}] \quad (4.18)$$

$$U_{\alpha_2} = \{\alpha_2 \mid \alpha_2 \geqslant z_t, \ t \in U_0\} = [\max\{z_t, \ t \in U_0\}, \ +\infty) \quad (4.19)$$

即为式（4.9）和式（4.10）中 α_1 和 α_2 的后验分布的取值范围。

根据各参数的条件后验分布，可以建立如下 LOT 模型的 Gibbs 抽样算法。

（1）初始化各参数为 $\beta^{(0)}$，$\alpha_1^{(0)}$，$\alpha_2^{(0)}$，$\sigma^{2(0)}$；

（2）对于第（i）次抽样，对所有 $t \in U_0$，随机抽取 $z_t^{(i)} \sim TN_{[\alpha_1^{(i-1)}, \alpha_2^{(i-1)}]}(\beta^{(i-1)} R_{mt}, \sigma^{2(i-1)})$，即进行数据扩充的步骤；

（3）根据 $\pi(\beta \mid \alpha_1^{(i-1)}, \alpha_2^{(i-1)}, \sigma^{2(i-1)}, R_t, z_t^{(i)})$ 抽取 $\beta^{(i)}$；

（4）根据 $\pi(\alpha_1 \mid \beta^{(i)}, \alpha_2^{(i-1)}, \sigma^{2(i-1)}, R_t, z_t^{(i)})$ 抽取 $\alpha_1^{(i)}$；

（5）根据 $\pi(\alpha_2 \mid \beta^{(i)}, \alpha_1^{(i)}, \sigma^{2(i-1)}, R_t, z_t^{(i)})$ 抽取 $\alpha_2^{(i)}$；

（6）根据 $\pi(\sigma^2 \mid \beta^{(i)}, \alpha_1^{(i)}, \alpha_2^{(i)}, R_t, z_t^{(i)})$ 抽取 $\sigma^{2(i)}$；

（7）返回（2），进行第（i+1）次抽样。

重复上述步骤足够多次，直到各参数的后验抽样达到收敛。计算各个参数后验抽样的均值，得到参数的贝叶斯估计 $(\hat{\beta}, \hat{\alpha}_1, \hat{\alpha}_2, \hat{\sigma}^2)'$，并由此得到交易成本 s 的贝叶斯估计为：

$$\hat{s} = \hat{\alpha}_2 - \hat{\alpha}_1 \qquad\qquad (4.20)$$

记为 LOT Bayes 估计。

至此，我们建立了 LOT 模型的贝叶斯抽样算法，得到了贝叶斯估计。接下来的两节将利用数值模拟和实际数据分析考察本章建立的 LOT Bayes 估计的效果，并与 LOT Y – split 估计进行比较。

4.3　数值模拟分析

基于 4.2 节得到的 LOT 模型的贝叶斯估计方法，本节使用数值模拟比较 LOT Bayes 估计和 LOT Y – split 估计的估计效果。模拟的设置延续了第 2 章中的设置方法，即 LOT 模型中的日度市场收益率 R_{mt} 从 1926 年 1 月 1 日到 2014 年 2 月 28 日共 23173 天证券价格研究中心检索的美国市场收益率中进行随机抽取；模型中的参数 $\beta = 1$，α_1 分别设置为 -0.001，-0.003，-0.005 三种情况；假设 $\alpha_2 = -\alpha_1$，即交易成本是对称的，故 $s = -2\alpha_1$；将 σ/s 设为 $1/2$，$3/4$，1，2，6，10；样本量 n 取 250。

为了避免先验分布的信息对参数估计产生较大影响，我们选择非信息先验（non-informative prior）作为参数的先验分布。参照文献中的做法，将各参数的先验分布设置为 $\beta \sim N(0, 100)$，$\alpha_1 \sim N(0, 100)$，$\alpha_2 \sim N(0, 100)$，$\sigma^2 \sim IG(0.001, 0.001)$。在进行 Gibbs 抽样时，首先进行 5000 组后验抽样，去掉前 2000 组，计算剩余 3000 组的 PSRF 统计量，检验各参数的后验抽样是否达到收敛。若不收敛，则再进行 1000 组抽样，与之前保留的 3000 组合并，再去掉其中的前 1000 组，计算剩下的 3000 组的 PSRF 统计量，如此反复，直到收敛为止。

由于 α_1 和 α_2 的条件后验分布是截断正态分布，在某些情况下会出现 α_1 和 α_2 的条件后验分布的取值范围在正态分布的尾部的现象。由于正态分布的随机变量落入尾部的概率很小，因此当截断正态分布的取值范围在正态分布的尾部时，使用常规的随机数抽样方法会出现无法抽样的情况，造成 Gibbs 抽样的抽样失败。对此，罗伯特（Robert，1995）利用拒绝性抽样（rejection sampling）的思想，基于指数分布给出了在正态分布的尾部进行截断正态分布随机变量的抽样方法。本节及下一节的实际数据分析中将参照罗伯特（1995）的做法，当 α_1 和 α_2 的后验条件分布的取值范围式（4.18）和式（4.19）与后验均值之间的距离超过了 5 倍的后验标准差时，采用拒绝性抽样的方法对 α_1 和 α_2 进行后验抽样。

表 4-1 给出了当样本量 n 为 250 时，不同 s 和 σ/s 设置条件下两种估计的估计情况。考察两种估计的偏差（bias）、平均绝对误差（MAE）、均方根误差（RMSE）和与零收益率出现的频率（Zeros）的相关系数可以看出，LOT Y-split 估计的偏差在 0 附近变化，并存在正值和负值，这与第 2 章中的模拟结果相同。LOT Bayes 估计的偏差同样可以取正值和负值，但值得注意的是，当 σ/s 较大时，LOT Bayes 估计的偏差有一个明显增大，并且其偏差的结果取值为正数。说明当 σ/s 较大，如取 $\sigma/s = 6$ 或者 $\sigma/s = 10$ 时，LOT Bayes 估计会高估真实的交易成本 s。

从 MAE 和 RMSE 两个估计误差的指标来看，两种估计的 MAE 和 RMSE 都随着 σ/s 的增大而变大。当 σ/s 较小，如小于 2 时，LOT Bayes 估计的 MAE 和 RMSE 要小于 LOT Y-split 估计的 MAE 和 RMSE；而当 σ/s 较大，如 $\sigma/s = 6$ 或者 $\sigma/s = 10$ 时，LOT Bayes 估计具有明显增大的估计误差，这与偏差的结果相同。此外，两种估计的误差均随着 s 的增大而增大，说明两种估计的估计精度随着交易成本的变大而有所降低。

类似第 2 章中的模拟研究，本节同样比较了两种估计与零收益率发生的频率 Zeros 之间的相关系数。从表 4-1 中的结果来看，当 σ/s 较小时，LOT Bayes 估计与 Zeros 的相关系数更高；而当 σ/s 逐渐变大时，LOT Bayes 估计的相关系数降低，逐渐低于 LOT Y-split 估计。这与偏差、MAE 和 RMSE 的结果一致。

表 4 – 1 样本量 $n = 250$ 时的模拟结果

参数设置		bias		MAE		RMSE		与 Zeros 相关系数	
		Y – split	Bayes	Y – split	Bayes	Y – split	Bayes	Y – split	Bayes
$\alpha_1 = -0.001$, $s = 0.002$	$\sigma/s = 1/2$	0.0051	– 0.0044	0.1491	0.1427	0.1819	0.1794	0.4302	0.4828
	$\sigma/s = 3/4$	– 0.0049	0.0042	0.1851	0.1786	0.2363	0.2261	0.5930	0.6191
	$\sigma/s = 1$	– 0.0028	– 0.0051	0.2178	0.2177	0.2742	0.2710	0.7039	0.7172
	$\sigma/s = 2$	0.0073	0.1143	0.2862	0.2806	0.3640	0.3546	0.8881	0.8890
	$\sigma/s = 6$	– 0.0010	0.7741	0.4343	0.8129	0.5450	0.9612	0.9528	0.6028
	$\sigma/s = 10$	– 0.0837	1.0686	0.5024	1.0786	0.6090	1.1984	0.9422	0.5873
$\alpha_1 = -0.003$, $s = 0.006$	$\sigma/s = 1/2$	0.0086	0.0117	0.4310	0.4188	0.5431	0.5209	0.6768	0.6892
	$\sigma/s = 3/4$	0.0020	– 0.0013	0.5321	0.4945	0.6725	0.6138	0.7933	0.7960
	$\sigma/s = 1$	– 0.0180	0.0145	0.5780	0.5104	0.7263	0.7185	0.8622	0.8626
	$\sigma/s = 2$	– 0.0018	– 0.0027	0.7748	0.8066	0.9697	1.0178	0.9376	0.9102
	$\sigma/s = 6$	0.1608	2.9055	1.2076	2.8006	1.5815	3.6443	0.8927	0.4774
	$\sigma/s = 10$	0.0869	5.2208	1.5736	5.2471	1.9711	6.1878	0.9843	0.3746
$\alpha_1 = -0.005$, $s = 0.01$	$\sigma/s = 1/2$	0.0030	0.0021	0.7601	0.7504	0.9476	0.9398	0.7326	0.7307
	$\sigma/s = 3/4$	– 0.0739	0.0153	0.8936	0.8747	1.1029	1.0987	0.8381	0.8393
	$\sigma/s = 1$	– 0.0559	0.0215	1.0108	1.0047	1.2611	1.2589	0.8772	0.8781
	$\sigma/s = 2$	– 0.0386	– 0.0042	1.2796	1.2423	1.5766	1.5497	0.8896	0.8917
	$\sigma/s = 6$	0.0446	3.7110	1.9705	3.9042	2.4780	4.6906	0.9764	0.5801
	$\sigma/s = 10$	– 0.1307	6.8111	2.4620	6.8661	3.1424	7.8540	0.9831	0.4418

注：表中的 bias、MAE 和 RMSE 均已乘以 10^3。

表 4 – 2 给出了当 $s = 0.002$ 时，不同样本量情形下两种估计的偏差（bias）、平均绝对误差（MAE）、均方根误差（RMSE）和与零收益率出现的频率 Zeros 的相关系数情况。从表中结果来看，二者的 bias、MAE、RMSE 都随着样本量的增加而减少，表现出的规律与表 4 – 1 类似，即当 σ/s 较小时，LOT Bayes 估计拥有比 LOT Y – split 估计更高的估计精度，而当 σ/s 超过 2 时，LOT Bayes 的估计精度明显降低。相关系数的结果虽然没有表现出类似误差的变化趋势，但当 σ/s 较小时，LOT Bayes 估计的相关系数同样更高，

然后随 σ/s 的增大而逐渐降低，并最终低于 LOT Y – split 估计。

表 4 – 2　不同样本量情形下参数真值为 $\alpha_1 = -0.001$，$s = 0.002$ 时的模拟结果

参数设置		bias		MAE		RMSE		与 Zeros 相关系数	
		Y – split	Bayes	Y – split	Bayes	Y – split	Bayes	Y – split	Bayes
n = 21	$\sigma/s = 1/2$	0.0633	0.2484	0.5321	0.5042	0.6727	0.6487	0.4471	0.7241
	$\sigma/s = 3/4$	0.0054	0.0785	0.7031	0.6628	0.8915	0.8505	0.6406	0.7650
	$\sigma/s = 1$	0.0456	0.1852	0.8040	0.7401	1.0163	0.9625	0.6663	0.7226
	$\sigma/s = 2$	0.0822	1.3857	1.0604	1.5305	1.3665	2.0477	0.8544	0.7125
	$\sigma/s = 6$	0.3150	6.0799	1.6311	6.1338	2.0718	8.1490	0.9329	0.6462
	$\sigma/s = 10$	0.2013	7.6177	2.0776	7.6189	2.5701	10.7634	0.9380	0.7014
n = 63	$\sigma/s = 1/2$	− 0.0094	0.0371	0.2890	0.2787	0.3608	0.3527	0.4417	0.5583
	$\sigma/s = 3/4$	− 0.0097	− 0.0014	0.3712	0.3696	0.4665	0.4639	0.5879	0.6409
	$\sigma/s = 1$	− 0.0188	0.0044	0.4257	0.4165	0.5315	0.5208	0.7047	0.7186
	$\sigma/s = 2$	0.0313	0.7265	0.5959	0.8175	0.7418	1.0361	0.8790	0.7593
	$\sigma/s = 6$	0.1022	2.9664	0.8829	3.0640	1.1245	3.7238	0.9591	0.4718
	$\sigma/s = 10$	0.1908	4.7004	1.1006	4.8822	1.3991	5.8407	0.9684	0.4740
n = 125	$\sigma/s = 1/2$	0.0083	0.0303	0.1971	0.1936	0.2484	0.2401	0.5250	0.5784
	$\sigma/s = 3/4$	− 0.0238	− 0.0204	0.2739	0.2636	0.3444	0.3338	0.6147	0.6443
	$\sigma/s = 1$	0.0043	0.0103	0.3205	0.3184	0.3994	0.3971	0.7103	0.7256
	$\sigma/s = 2$	0.0235	0.0686	0.4290	0.4185	0.5509	0.5388	0.8990	0.8303
	$\sigma/s = 6$	0.0810	1.6725	0.6097	1.6931	0.7718	2.0746	0.9678	0.4768
	$\sigma/s = 10$	0.1017	3.1299	0.7746	3.1528	0.9791	3.8152	0.9789	0.5882
n = 250	$\sigma/s = 1/2$	0.0051	0.0440	0.1491	0.1427	0.1819	0.1794	0.4302	0.4828
	$\sigma/s = 3/4$	− 0.0049	0.0424	0.1851	0.1786	0.2363	0.2261	0.5930	0.6191
	$\sigma/s = 1$	− 0.0028	0.0515	0.2178	0.2177	0.2742	0.2710	0.7039	0.7172
	$\sigma/s = 2$	0.0073	0.1143	0.2862	0.2806	0.3640	0.3546	0.8881	0.8890
	$\sigma/s = 6$	− 0.0010	0.7741	0.4343	0.8129	0.5450	0.9612	0.9528	0.6028
	$\sigma/s = 10$	− 0.0837	1.0686	0.5024	1.0786	0.6090	1.1984	0.9422	0.5873

注：表中的 bias、MAE 和 RMSE 均已乘以 10^3。

综合上述数值模拟的结果可以看出，当 σ/s 取值较小时，LOT Bayes 估计的各项指标都优于 LOT Y – split 估计；而当 σ/s 较大时，LOT Bayes 估计的精度会逐渐降低，并且得到的估计结果会高估真实的 s。分析出现这一现象的原因，可能是因为当 σ/s 较小时，零收益率出现的概率较大，此时样本中被删失的数据所占的比例较大。利用贝叶斯估计，可以通过数据扩充的方法对被删失的数据信息进行补充。因此当 σ/s 较小时，贝叶斯估计相比极大似然估计利用了更多的信息，从而可以达到更好的估计效果，这一现象也说明了数据扩充方法的有效性。

4.4 实际数据分析

通过 4.3 节的数值模拟研究，我们发现，本章提出的 LOT Bayes 估计在某些情况下可以得到比 LOT Y – split 估计更好的估计精度。本节进一步使用我国股票市场的实际数据考察 LOT Bayes 估计在实际应用中的效果。类似前几章中的做法，首先利用我国股票市场的高频逐笔交易数据计算三种高频价差作为基准，分别为时间加权的平均报价价差（QS）、交易量加权的平均有效价差（ES）、交易量加权的平均已实现价差（RS），计算方法见式（2.11）~式（2.13）。再利用高频数据计算得到低频的日度股票数据，用一年的日度数据计算 LOT Bayes 估计和 LOT Y – split 估计的年度估计结果。在计算 LOT Bayes 估计时，采用与上一节的模拟研究相同的参数先验分布和后验抽样方法。

本节使用的样本股票和时间区间与前几章相同，仍然为上海证券交易所和深圳证券交易所所有非中小板和创业板的股票中，按罗尔（1984）的筛选标准得到的 1270 只股票，时间区间为 2009 年 1 月到 2015 年 12 月，所有数据均来自锐思数据库。

4.4.1　描述性统计

考察 LOT Bayes 估计、LOT Y – split 估计和三种高频基准价差的描述性统计（见表 4 – 3）。从表中的描述性统计结果可以看出：

表 4 – 3　年度 LOT Y – split 估计和 LOT Bayes 估计的描述性统计

估计		平均值	标准差	中位数	最小值	最大值
低频流动性估计	LOT Y – split	2.5664	2.5745	2.0037	0.0000	81.7138
	LOT Bayes	2.4840	2.5436	1.9878	0.0000	81.6002
高频基准价差	报价价差（QS）	1.8318	1.2638	1.5657	0.2459	15.0915
	有效价差（ES）	1.7160	1.1044	1.4700	0.1992	13.7174
	已实现价差（RS）	0.8591	0.9590	0.8147	0.0000	11.2585

注：表中所有结果均已乘以 10^3。

（1）LOT Bayes 估计的各项描述性指标均稍低于 LOT Y – split 估计，但是两种估计的差异不明显。LOT Bayes 估计的均值为 0.00248，中位数为 0.00199；LOT Y – split 估计的均值为 0.00257，中位数为 0.00200，二者的差异较小。

（2）对于高频基准价差，三种价差的平均值为：报价价差 > 有效价差 > 已实现价差。其中中国沪深市场的相对报价价差七年平均值约为 0.0018，相对有效价差稍小，约为 0.0017，相对已实现价差最低，为 0.0009，这个大小关系与三种价差的定义方式相一致。

（3）除最小值以外，LOT Y – split 估计和 LOT Bayes 估计的各项描述性统计指标均高于三种高频基准价差，且 LOT Bayes 估计的描述性统计相比 LOT Y – split 估计更接近高频基准价差。

4.4.2 实证结果

考察 LOT Bayes 估计和 LOT Y – split 估计与三种高频基准价差之间的偏差（bias）、平均绝对误差（MAE）、均方根误差（RMSE）和相关系数，得到的结果如表 4 – 4 和表 4 – 5 所示。表 4 – 4 展示了两种估计与高频基准之间的偏差和误差，从表中的结果来看，当以报价价差作为高频基准价差时，LOT Y – split 估计与 LOT Bayes 估计的 MAE 和 RMSE 较为相似。LOT Y – split 估计 7 年综合的 MAE 和 RMSE 分别为 0.00125 和 0.00244，其中，在 2009 年取最小的 MAE 和 RMSE，分别为 0.00084 和 0.00121；在 2014 年取最大的 MAE 和 RMSE，分别为 0.00181 和 0.00347。LOT Bayes 估计 7 年综合的 MAE 和 RMSE 分别为 0.00124 和 0.00242，其中，在 2009 年取最小的 MAE 和 RMSE，分别为 0.00081 和 0.00118；在 2014 年取最大的 MAE 和 RMSE，分别为 0.00180 和 0.00346。从数值上看，不管是分年的结果还是 7 年综合的结果，LOT Bayes 估计的 MAE 和 RMSE 均小于 LOT Y – split 估计的结果，但是二者的差异不明显。以有效价差和已实现价差为基准时可以得到类似的结果。

表 4 – 5 展示了两种估计与高频基准价差之间的相关系数结果。当以报价价差作为高频基准价差时，不管是分年的结果还是 7 年综合的结果，LOT Bayes 估计的相关系数均高于 LOT Y – split 估计的结果。LOT Bayes 7 年综合的相关系数为 0.4188，其中在 2009 年取最大值 0.6126，在 2015 年取最小值 0.2907。LOT Y – split 估计 7 年综合的相关系数为 0.4031，其中，在 2009 年的相关系数最大，为 0.5839；在 2015 年的相关系数最小，为 0.2600。以有效价差和已实现价差作为高频基准价差时也有类似的结果。

根据上述实际数据分析的结果来看，尽管在一些情况下二者的差异较小，但 LOT Bayes 估计与高频基准价差之间的精度和相关系数均稍高于 LOT Y – split 估计，说明本章提出的 LOT Bayes 估计在实际应用中能够达到 LOT Y – split 估计甚至超过 LOT Y – split 估计的估计精度，更好地度量交易成本。

表 4 – 4　年度 LOT Y – split 估计和 LOT Bayes 估计与高频基准价差的估计误差

估计		评价指标	7 年	2009 年	2010 年	2011 年	2012 年	2013 年	2014 年	2015 年
基准价差为报价价差	LOT Y – split	RMSE	2.4371	1.2118	1.4159	1.9163	2.1318	3.3060	3.4690	2.6477
		MAE	1.2459	0.8356	0.8624	1.1215	1.3269	1.4464	1.8069	1.3293
	LOT – Bayes	RMSE	2.4246	1.1828	1.4164	1.9121	2.1223	3.3046	3.4642	2.6440
		MAE	1.2449	0.8130	0.8635	1.1154	1.3130	1.4462	1.8039	1.3419
基准价差为有效价差	LOT Y – split	RMSE	2.4459	1.2070	1.3995	1.8797	2.1279	3.3156	3.5291	2.6545
		MAE	1.2424	0.8247	0.8402	1.0934	1.3088	1.4494	1.8657	1.3232
	LOT Bayes	RMSE	2.4230	1.1798	1.3893	1.8746	2.1170	3.3139	3.5333	2.6500
		MAE	1.2410	0.8045	0.8408	1.0862	1.2929	1.4489	1.8611	1.3256
基准价差为已实现价差	LOT Y – split	RMSE	2.8304	1.7393	1.7361	2.1994	2.6048	3.6909	3.9728	3.0199
		MAE	1.6847	1.3093	1.1578	1.4476	1.7750	1.9523	2.4358	1.7242
	LOT Bayes	RMSE	2.8220	1.6957	1.7317	2.1902	2.5887	3.6878	3.9749	3.0094
		MAE	1.6674	1.2774	1.1543	1.4370	1.7537	1.9492	2.4290	1.7173

注：表中的 MAE 和 RMSE 均已乘以 10^3。

表 4 – 5　年度 LOT 估计和 LOT Bayes 估计与高频基准价差的相关系数

估计		7 年	2009 年	2010 年	2011 年	2012 年	2013 年	2014 年	2015 年
基准价差为报价价差	LOT Y – split	0.4031 (0.0000)	0.5839 (0.0000)	0.4033 (0.0000)	0.3456 (0.0000)	0.4640 (0.0000)	0.3687 (0.0000)	0.4869 (0.0000)	0.2600 (0.0000)
	LOT Bayes	0.4188 (0.0000)	0.6126 (0.0000)	0.4021 (0.0000)	0.3444 (0.0000)	0.4639 (0.0000)	0.3696 (0.0000)	0.4842 (0.0000)	0.2907 (0.0000)
基准价差为有效价差	LOT Y – split	0.4314 (0.0000)	0.6051 (0.0000)	0.4358 (0.0000)	0.3822 (0.0000)	0.5005 (0.0000)	0.3944 (0.0000)	0.5275 (0.0000)	0.3029 (0.0000)
	LOT Bayes	0.4459 (0.0000)	0.6338 (0.0000)	0.4344 (0.0000)	0.3806 (0.0000)	0.4998 (0.0000)	0.3953 (0.0000)	0.5251 (0.0000)	0.5652 (0.0000)
基准价差为已实现价差价差	LOT Y – split	0.4536 (0.0000)	0.6058 (0.0000)	0.4603 (0.0000)	0.4049 (0.0000)	0.4888 (0.0000)	0.4073 (0.0000)	0.5452 (0.0000)	0.3912 (0.0000)
	LOT Bayes	0.4552 (0.0000)	0.6414 (0.0000)	0.4583 (0.0000)	0.4017 (0.0000)	0.4859 (0.0000)	0.4079 (0.0000)	0.5424 (0.0000)	0.4058 (0.0000)

注：表中相关系数下的数字为相关系数的显著性检验的 p 值。

4.5　本　章　总　结

不同于文献中使用极大似然估计的方法对 LOT 度量进行估计，本章使用贝叶斯的估计方法建立了 LOT 度量的贝叶斯估计，记为 LOT Bayes 估计。由于 LOT 模型中含有无法被直接观测到的潜变量 R_t^* 以及数据中存在被删失的情况，因此 LOT 模型的似然函数具有较为复杂的形式，无法直接得到极大似然估计的显示解，在实际应用时可能会出现计算问题。以往的研究表明，对于类似的含有潜变量和删失数据的问题，贝叶斯估计方法能够在一定程度上对使用经典统计学方法出现的问题加以改善。本章结合数据扩充方法和 Gibbs 抽样建立了 LOT 模型的贝叶斯抽样算法，并通过数值模拟和实际数据分析，验证了 LOT Bayes 估计相比 LOT Y – split 估计在某些情况下的估计优势。

从数值模拟的结果来看，当模型中的 σ/s 较小时，LOT Bayes 估计具有比 LOT Y – split 估计更高的估计精度。而当 σ/s 较大时，尽管两种估计的估计误差都随着 σ/s 的增大而变大，但相比 LOT Y – split 估计，LOT Bayes 估计具有更大的估计偏差。这个现象可能与数据中零收益率所占的比例有关。当 σ/s 较小时，零收益率出现的概率较大，数据中有较大比例的数据被删失，贝叶斯估计利用数据扩充的方法可以有效补充被删失数据的信息，从而具有比极大似然估计更好的估计效果；而当 σ/s 较大时，零收益率出现的概率较小，贝叶斯估计就难以展现其优势。

实际数据分析的结果表明，在实际进行度量时，两种估计的表现虽较为相似，但 LOT Bayes 估计的估计误差稍低于 LOT Y – split 估计，且具有更高的与高频基准价差的相关系数。这说明若整体考察市场上的股票，从平均意义上来看，LOT Bayes 估计具有更好的估计效果。

本章的研究从估计方法的角度对已有 LOT 度量的估计方法进行了改进，得到的新的估计结果在一定程度上可以改善 LOT Y – split 估计的估计效果。这部分研究为 LOT 度量提供了新的估计思路，也为流动性指标的选取提供了新的方法。

第 5 章

LOT 度量的模型改进

5.1 引　言

在 LOT 模型中，资产的真实收益率 R_t^* 是由一个单一因子市场收益率 R_{mt} 得到的，而除了市场收益率以外的其他信息包含在误差项 ε_t 中。LOT 模型假设 ε_t 独立同分布于均值为 0，方差为 σ^2 的正态分布，即假设了收益率序列的正态性、同方差性和独立性。大量已有文献的结果表明，金融领域的时间序列数据，尤其是收益率序列的分布具有较大的峰度，并且其波动情况往往随着时间的推移而不断变化，这些结论表明，目前 LOT 模型的设置存在着与实际数据特征不符的情况。

首先，实证研究表明，收益率的正态性通常在时间尺度较大时才成立，如月度收益率数据。当收益率的计算频率较高时，其密度函数在尾部一般表现出比正态分布更厚尾的特征（fat - tail）。例如，贝卡尔特等（Bekaert et al. , 1998）对新兴市场的股票收益率进行了研究，发现其分布中存在着厚尾性；类似的，赛多西欧（Theodossiou, 1998）对美国、加拿大、日本三个国家股票市场的日收益进行了研究，同样发现了分布的厚尾特征；对于中国股票市场，吴新林（2009）进行了类似的分析，得到了沪深股市的指数日收益率存在着厚尾性的结论。

除分布的厚尾性以外，收益率的波动往往在一段时间内呈现出持续偏高或偏低的现象，即随机扰动在较大幅度波动后仍紧跟着较大幅度的波动，在较小幅度波动后仍紧跟着较小幅度的波动，这种现象被称为波动聚集性（volatility‐clustering）。针对这种现象，恩格尔（Engle，1982）提出了自回归条件异方差模型（autoregressive conditional heteroskedasticity model，ARCH），用于刻画序列波动的时变性；在其基础上，波勒斯勒夫（Bollerslev，1986）将 ARCH 模型进一步扩展为广义自回归条件异方差模型（generalized autoregressive conditional heteroskedasticity model，GARCH）。此后，GARCH 模型又被进一步扩展为积分 GARCH 模型（IGARCH 模型）、指数 GARCH 模型（EGARCH 模型）、均值 GARCH 模型（GARCH‐M 模型）等。这些不同形式的 GARCH 类模型可以刻画时间序列的波动性随时间的变化而变化的规律，被广泛应用于金融数据的时间序列分析中。对于 GARCH 类模型，通常假定误差服从正态分布，但正态性假设的 GARCH 类模型无法描述序列边际分布中的厚尾特征，如上文提到的收益率序列分布的厚尾性。为了在 GARCH 类模型的基础上进一步刻画序列分布的厚尾性，一些学者通过假设误差项服从具有厚尾特征的分布构造了扩展的 GARCH 模型，如波勒斯勒夫（1987）使用 t 分布对 GARCH 模型进行了扩展。

对于中国市场，也有大量实证研究利用各种 GARCH 模型对收益率进行了分析。例如，曾慧（2005）使用 ARCH 模型及其扩展模型研究了上证综合指数的波动特征，发现了市场收益率的尖峰厚尾、波动聚集性以及波动的信息不对称性等特点；许爱霞（2005）比较了基于正态分布和基于 t 分布的 GARCH 模型对上海股票市场的行业指数波动的刻画，指出基于 t 分布的 GARCH 模型能更准确地拟合股票市场的波动；王真真和严广乐（2009）用 GARCH‐M 模型对上证综合指数的日收盘价序列进行了实证分析，指出其存在非正态性和波动聚集性。

综合上述文献的研究，收益率序列的波动通常具有波动聚集性，分布具有厚尾性，而 LOT 模型的模型设置没有考虑到数据的这两方面特征。

本章将针对 LOT 模型存在的这一不足对其进行扩展，提出新的交易成本度量模型，并利用实际数据验证新模型得到的估计相比 LOT Y – split 估计具有更好的度量效果。

5.2　模型的扩展与估计方法

通过上述梳理可以看到，LOT 模型中对收益率的设置存在两方面的不足：第一，正态性假设无法刻画收益率分布的厚尾性；第二，独立同方差性的假设忽视了收益率波动的动态特征。针对这两方面特征刻画的不足，本章将对 LOT 模型进行以下三种扩展。

（1）考虑厚尾性，假设模型中的误差项服从于 t 分布；

（2）考虑波动的聚集性，假设误差项服从基于正态分布的 GARCH 模型；

（3）在（2）的基础上进一步考虑收益率序列边际分布中的厚尾性，沿用波勒斯勒夫（1987）的做法，假设误差项服从基于 t 分布的 GARCH 模型。

在第 1 章中，我们介绍了冯等（2017）提出的交易成本的 FHT 模型及其矩估计 FHT 估计。FHT 模型是在 LOT 模型的基础上进行的模型简化，其模型设置具有与 LOT 模型类似的形式，其中的收益率存在与 LOT 模型同样的不符合实际分布特征的情况。因此，在本章的研究中，考虑对 FHT 模型也进行上述三种扩展思路。本节最终将得到六种新的交易成本度量模型以及相应的参数估计方法，在后续小节中，我们将对这六种新模型的估计结果的度量效果进行比较，验证本章的模型扩展思路的有效性，并考察三种扩展思路的效果是否存在差异。

5.2.1　FHT 模型的扩展模型

FHT 模型由冯等（2017）提出，是通过在 LOT 模型的基础上对真实收益率和交易成本的设置进行简化而得到的 LOT 简化模型。对于 FHT 模型，可以通过矩估计直接得到交易成本 s 的显式解，相比 LOT Y – split 估计在计算上更为简便。从 FHT 模型的式（1.26）可以看出，与 LOT 模型相同，FHT 模型同样忽略了收益率的厚尾性和波动的聚集性。本节将利用 t 分布和 GARCH 模型对 FHT 模型进行扩展，分为以下三种扩展模型。

1. FHT – t 模型

首先，在 FHT 模型式（1.26）的基础上考虑收益率序列的厚尾特征，假设真实收益率 R_t^* 服从标准化后的 t 分布，即将式（1.26）扩展为：

$$R_t^* \sim \sigma t(v) \Big/ \sqrt{\frac{v}{v-2}} \tag{5.1}$$

其中，$t(v)$ 表示自由度为 v 的 t 分布。保持 FHT 模型中式（1.27）的部分不变，由此得到可以描述收益率数据分布厚尾性的 FHT 模型，称为交易成本的 FHT – t 模型。

此时，在 R_t^* 的 t 分布的假设下，可以得到零收益率发生的概率的理论值为：

$$P\left(-\frac{s}{2} \leqslant \sigma t(v)\sqrt{\frac{v-2}{v}} \leqslant \frac{s}{2}\right) = P\left(-\frac{s}{2\sigma}\sqrt{\frac{v}{v-2}} \leqslant t(v) \leqslant \frac{s}{2\sigma}\sqrt{\frac{v}{v-2}}\right) \tag{5.2}$$

$$= 2F_v\left(\frac{s}{2\sigma}\sqrt{\frac{v}{v-2}}\right) - 1 \tag{5.3}$$

其中，$F_v(\cdot)$ 表示自由度为 v 的 t 分布的分布函数。与 FHT 模型相同，可以采用矩估计的方法对 FHT – t 模型的参数进行估计，将实际观测中观测到的零收益率发生的频率 Zeros 近似等于零收益率发生的概率式（5.3），即令：

$$Zeros = 2F_v\left(\frac{s}{2\sigma}\sqrt{\frac{v}{v-2}}\right) - 1 \tag{5.4}$$

对式（5.4）进行整理，易得 FHT – t 模型中交易成本 s 的矩估计为：

$$FHT - t = 2\sigma \sqrt{\frac{v-2}{v}} F_v^{-1}\left(\frac{1 + Zeros}{2}\right) \tag{5.5}$$

式（5.5）的结果称为交易成本的 FHT – t 估计。

2. FHT – GARCH 模型

考虑收益率序列波动的聚集性，假设 FHT 模型中真实收益率 R_t^* 的波动服从基于正态分布的 GARCH(p，q) 模型，将 FHT 模型的式（1.26）扩展为：

$$R_t^* \mid \Phi_{t-1} \sim N(0，\sigma_t^2) \tag{5.6}$$

$$\sigma_t^2 = \alpha + \sum_{i=1}^{p} a_i (R_{t-i}^*)^2 + \sum_{j=1}^{q} b_j \sigma_{t-j}^2 \tag{5.7}$$

其中，$\Phi_t = \{R_t^*，R_{t-1}^*，\cdots\}$ 为包含所有过去真实收益率信息的信息集。保持 FHT 模型中式（1.27）的部分不变，由此得到可以描述收益率波动的聚集性的 FHT 模型，称为交易成本的 FHT – GARCH 模型。

根据 R_t^* 的正态性假设，可以写出 FHT – GARCH 模型的对数似然函数为：

$$
\begin{aligned}
\ell(\theta) = &\sum_{t \in U_1} \left[-\frac{1}{2}\ln(2\pi\sigma_t^2) - \frac{1}{2\sigma_t^2}\left(R_t - \frac{s}{2}\right)^2 \right] \\
&+ \sum_{t \in U_2} \left[-\frac{1}{2}\ln(2\pi\sigma_t^2) - \frac{1}{2\sigma_t^2}\left(R_t + \frac{s}{2}\right)^2 \right] \\
&+ \sum_{t \in U_0} \ln\left[2\Phi\left(\frac{s}{2\sigma_t}\right) - 1 \right]
\end{aligned}
\tag{5.8}
$$

其中，$\sigma_t^2 = \alpha + \sum_{i=1}^{p} a_i R_{t-i}^{*2} + \sum_{j=1}^{q} b_j \sigma_{t-j}^2$。由于 R_{t-i}^* 存在被删失的情况，σ_t^2 仅部分可被观测，此时无法直接使用极大似然估计的方法对上述对数似然函数优化求解。

FHT – GARCH 模型中包含 GARCH 模型，同时还包含删失结构，这类带有删失结构的 GARCH 模型在文献中被称为 Tobit – GARCH 模型或 Censored – GARCH 模型。如上文所说，由于数据中存在删失，无法利用极大似然估计的思想直接求解。为了解决极大似然估计失效的问题，一些学者研究了这类 Tobit – GARCH 模型的参数估计，例如，卡佐拉里和菲奥伦蒂尼（Calzolari & Fiorentini，1998）提出了一种近似极大似然估计的方法，用被删失数据的条件期望对删失数据进行近似；此外，李（Lee，1999）还提出了一种模拟极大似然估计的方法（Simulated Maximum Likelihood，SML）。相比较而言，卡佐拉里和菲奥伦蒂尼（1998）的近似极大似然估计方法计算更为简便，且被证明具有很小的效率损失（efficiency loss），因此本章选择使用卡佐拉里和菲奥伦蒂尼（1998）的方法对 FHT - GARCH 模型，以及接下来的几种同样带有删失结构的 GARCH 模型进行参数估计。具体做法如下。

对于 σ_t^2 的迭代公式中存在 R_{t-i}^* 被删失的情况，定义 R_{t-i}^{*2} 的近似值 $\widetilde{R}_{t-i}^{*2}$ 为：

$$\widetilde{R}_{t-i}^{*2} = \begin{cases} \left(R_{t-i} - \dfrac{s}{2} \right)^2, & \text{如果 } R_{t-i}^* < -\dfrac{s}{2}; \\[2mm] E\left(R_{t-i}^{*2} \mid -\dfrac{s}{2} \leqslant R_{t-i}^* \leqslant \dfrac{s}{2} \right), & \text{如果 } -\dfrac{s}{2} \leqslant R_{t-i}^* \leqslant \dfrac{s}{2}; \\[2mm] \left(R_{t-i} + \dfrac{s}{2} \right)^2, & \text{如果 } R_{t-i}^* > \dfrac{s}{2}. \end{cases} \tag{5.9}$$

即当 R_{t-i}^* 落入删失区域导致无法被观测时，用 R_{t-i}^* 落入删失区域后的条件概率 $\widetilde{R}_{t-i}^{*2}$ 对其进行近似。类似截断正态分布二阶矩的计算方法，可以计算得到式（5.9）中：

$$E\left(R_{t-i}^{*2} \mid -\frac{s}{2} \leqslant R_{t-i}^* \leqslant \frac{s}{2} \right) = \sigma_{t-i}^2 - \frac{S\sigma_{t-i}\phi\left(\dfrac{S}{2\sigma_{t-i}} \right)}{2\Phi\left(\dfrac{S}{2\sigma_{t-i}} \right) - 1} \tag{5.10}$$

具体的计算过程见本章最后的附录。

根据 $\widetilde{R}_{t-i}^{*2}$ 可以定义 σ_t^2 的近似 $\widetilde{\sigma}_t^2$ 为：

$$\widetilde{\sigma}_t^2 = \alpha + \sum_{i=1}^{p} a_i \widetilde{R}_{t-i}^{*2} + \sum_{j=1}^{q} b_j \widetilde{\sigma}_{t-j}^2 \tag{5.11}$$

从而得到模型的近似对数似然函数为：

$$\ell(\theta)^* = \sum_{t \in U_1} \left[-\frac{1}{2}\ln(2\pi \widetilde{\sigma}_t^2) - \frac{1}{2\widetilde{\sigma}_t^2}\left(R_t - \frac{s}{2} \right)^2 \right]$$

$$+ \sum_{t \in U_2} \left[-\frac{1}{2}\ln(2\pi \widetilde{\sigma}_t^2) - \frac{1}{2\widetilde{\sigma}_t^2}\left(R_t + \frac{s}{2} \right)^2 \right]$$

$$+ \sum_{t \in U_0} \ln \left[2\Phi\left(\frac{s}{2\,\tilde{\sigma}_t} \right) - 1 \right] \tag{5.12}$$

对式（5.12）的近似对数似然函数进行优化，可以得到 FHT – GARCH 模型的近似极大似然估计，记为交易成本的 FHT – GARCH 估计。

3. FHT – GARCH – t 模型

由于正态性假设的 GARCH 类模型仍然无法描述收益率序列边际分布中的厚尾特征，为了使 FHT 模型可以同时描述收益率数据的厚尾性和波动聚集性，在 5.1 节 FHT – GARCH 模型的基础上，进一步将式（1.26）扩展为：

$$R_t^* \mid \Phi_{t-1} \sim \sigma_t t(v) \Big/ \sqrt{\frac{v}{v-2}} \tag{5.13}$$

$$\sigma_t^2 = \alpha + \sum_{i=1}^{p} a_i (R_{t-i}^*)^2 + \sum_{j=1}^{q} b_j \sigma_{t-j}^2 \tag{5.14}$$

保持式（1.27）的部分不变，将得到的模型称为交易成本的 FHT – GARCH – t 模型。相比前两种扩展形式，FHT – GARCH – t 模型能够更充分地考虑收益率序列的统计规律。

类似 FHT – GARCH 模型的参数估计方法，同样可以按照式（5.9）和式（5.11）的方法用 $\tilde{R}_{t-i}^{*2}$ 和 $\tilde{\sigma}_t^2$ 对 R_{t-i}^{*2} 和 σ_t^2 进行近似。此时式（5.9）中的 $E\left(R_{t-i}^{*2} \mid -\frac{s}{2} \leqslant R_t^* \leqslant \frac{s}{2} \right)$ 为：

$$E\left(R_{t-i}^{*2} \mid -\frac{s}{2} \leqslant R_t^* \leqslant \frac{s}{2} \right) = \sigma_{t-i}^2 \frac{v-2}{v} E_v \left[X^2 \mid -\frac{s}{2\sigma_{t-i}} \sqrt{\frac{v}{v-2}} \leqslant X \leqslant \frac{s}{2\sigma_{t-i}} \sqrt{\frac{v}{v-2}} \right] \tag{5.15}$$

其中，$E_v \left[X^2 \mid -\frac{s}{2\sigma_{t-i}^2} \sqrt{\frac{v}{v-2}} \leqslant X \leqslant \frac{s}{2\sigma_{t-i}^2} \sqrt{\frac{v}{v-2}} \right]$ 表示自由度为 v，支撑为 $\left[-\frac{s}{2\sigma_{t-i}^2} \sqrt{\frac{v}{v-2}}, \frac{s}{2\sigma_{t-i}^2} \sqrt{\frac{v}{v-2}} \right]$ 的截断 t 分布的二阶矩。

一般地，对于支撑为 [a, b]，自由度为 v 的截断 t 分布，可以计算其二阶矩为：

$$E_v[X^2 \mid a \leqslant X \leqslant b] = c(A_1 + A_2) \tag{5.16}$$

其中，

$$c = \frac{\Gamma\left(\dfrac{v+1}{2}\right)}{\sqrt{\pi v}\,\Gamma\left(\dfrac{v}{2}\right)} \frac{1}{F_v(b) - F_v(a)} \tag{5.17}$$

$$A_1 = \frac{v}{v-1}a\left(1 + \frac{a^2}{v}\right)^{-\frac{v-1}{2}} - \frac{v}{v-1}b\left(1 + \frac{b^2}{v}\right)^{-\frac{v-1}{2}} \tag{5.18}$$

$$A_2 = \frac{v^{3/2}\sqrt{\pi}}{v-1} \frac{\Gamma\left(\dfrac{v-2}{2}\right)}{\Gamma\left(\dfrac{v-1}{2}\right)}\left[F_{v-2}\left(\sqrt{\frac{v-2}{v}}b\right) - F_{v-2}\left(\sqrt{\frac{v-2}{v}}a\right)\right] \tag{5.19}$$

具体的计算过程可见本章最后的附录。

根据 $\widehat{R}_{t-i}^{*2}$ 和 $\widetilde{\sigma}_t^2$ 得到 FHT – GARCH – t 模型的近似对数似然函数为：

$$
\begin{aligned}
\ell(\theta)^* =\ & \sum_{t \in U_1}\left\{\ln\left[\Gamma\left(\frac{v+1}{2}\right)\right] - \ln\left[\Gamma\left(\frac{v}{2}\right)\right] - \frac{1}{2}\ln\left[(v-2)\pi\widetilde{\sigma}_t^2\right]\right. \\
& \left. - \frac{v+1}{2}\ln\left[1 + \frac{(R_t - s/2)^2}{(v-2)\widetilde{\sigma}_t^2}\right]\right\} \\
& + \sum_{t \in U_2}\left\{\ln\left[\Gamma\left(\frac{v+1}{2}\right)\right] - \ln\left[\Gamma\left(\frac{v}{2}\right)\right] - \frac{1}{2}\ln\left[(v-2)\pi\widetilde{\sigma}_t^2\right]\right. \\
& \left. - \frac{v+1}{2}\ln\left[1 + \frac{(R_t + s/2)^2}{(v-2)\widetilde{\sigma}_t^2}\right]\right\} \\
& + \sum_{t \in U_0}\left\{\ln\left[2F_v\left(\frac{s}{2\widetilde{\sigma}_t}\sqrt{\frac{v}{v-2}}\right) - 1\right]\right\}
\end{aligned}
\tag{5.20}
$$

对式（5.20）进行优化，可以得到 FHT – GARCH – t 模型的近似极大似然估计，记为交易成本的 FHT – GARCH – t 估计。

5.2.2　LOT 模型的扩展模型

目前，我们已经得到了关于 FHT 模型的三种扩展形式及参数估计方法。这一节将继续对 LOT 模型建立扩展模型，同样分为三种情况：（1）假设误差项独立服从于 t 分布；（2）假设误差项服从基于正态分布的 GARCH 模型；（3）假设误差项服从基于 t 分布的 GARCH 模型。

1. LOT－t 模型

首先考虑收益率序列的厚尾性，将 LOT 模型的式（1.21）扩展为：

$$R_t^* \sim \beta R_{mt} + \sigma t(v) \Big/ \sqrt{\frac{v}{v-2}} \qquad (5.21)$$

其中参数的含义与上文相同。保持式（1.22）的部分不变，得到可以描述收益率数据分布厚尾特征的 LOT 模型，称为交易成本的 LOT－t 模型。

根据 t 分布假设，可以得到 LOT－t 模型的对数似然函数为：

$$
\begin{aligned}
\ell(\theta) =& \sum_{t \in U_1} \left\{ \ln\left[\Gamma\left(\frac{v+1}{2}\right)\right] - \ln\left[\Gamma\left(\frac{v}{2}\right)\right] - \frac{1}{2}\ln\left[(v-2)\pi\sigma^2\right]\right. \\
& \left. - \frac{v+1}{2}\ln\left[1 + \frac{(R_t + \alpha_1 - \beta R_{mt})^2}{(v-2)\sigma^2}\right]\right\} \\
& + \sum_{t \in U_2} \left\{ \ln\left[\Gamma\left(\frac{v+1}{2}\right)\right] - \ln\left[\Gamma\left(\frac{v}{2}\right)\right] - \frac{1}{2}\ln\left[(v-2)\pi\sigma^2\right]\right. \\
& \left. - \frac{v+1}{2}\ln\left[1 + \frac{(R_t + \alpha_2 - \beta R_{mt})^2}{(v-2)\sigma^2}\right]\right\} \\
& + \sum_{t \in U_0} \left\{ \ln\left[F_v\left(\frac{\alpha_2 - \beta R_{mt}}{\sigma}\sqrt{\frac{v}{v-2}}\right)\right.\right. \\
& \left.\left. - F_v\left(\frac{\alpha_1 - \beta R_{mt}}{\sigma}\sqrt{\frac{v}{v-2}}\right)\right]\right\}
\end{aligned}
\qquad (5.22)
$$

利用与原始的 LOT 模型相同的对数似然函数优化方法，可以得到 LOT－t 模型的极大似然估计，记为交易成本的 LOT－t 估计。

2. LOT－GARCH 模型

与 FHT－GARCH 模型相同，考虑收益率波动的聚集性，假设 LOT 模型中的真实收益率 R_t^* 服从基于正态分布的 GARCH(p，q) 模型，将式（1.21）扩展为：

$$R_t^* \mid \Phi_{t-1} \sim N(\beta R_{mt}, \sigma_t^2) \qquad (5.23)$$

$$\sigma_t^2 = \alpha + \sum_{i=1}^p a_i (R_{t-i}^* - \beta R_{m,t-i})^2 + \sum_{j=1}^q b_j \sigma_{t-j}^2 \qquad (5.24)$$

保持式（1.22）的部分不变，得到可以描述收益率波动的聚集性的 LOT 模型，称为交易成本的 LOT – GARCH 模型。

与 FHT – GARCH 模型和 FHT – GARCH – t 模型相同，LOT – GARCH 模型中真实收益率 R_t^* 不能被完全观测，需要利用近似极大似然估计的方法对其进行参数估计。类似式（5.12）可以定义 LOT – GARCH 模型的近似对数似然函数为：

$$
\begin{aligned}
\ell(\theta)^* = &\sum_{t \in U_1} \left[-\frac{1}{2} \ln(2\pi \tilde{\sigma}_t^2) - \frac{1}{2\tilde{\sigma}_t^2} (R_t + \alpha_1 - \beta R_{mt})^2 \right] \\
&+ \sum_{t \in U_2} \left[-\frac{1}{2} \ln(2\pi \tilde{\sigma}_t^2) - \frac{1}{2\tilde{\sigma}_t^2} (R_t + \alpha_2 - \beta R_{mt})^2 \right] \\
&+ \sum_{t \in U_0} \ln \left[\Phi\left(\frac{\alpha_2 - \beta R_{mt}}{\tilde{\sigma}_t}\right) - \Phi\left(\frac{\alpha_1 - \beta R_{mt}}{\tilde{\sigma}_t}\right) \right] \qquad (5.25)
\end{aligned}
$$

其中，$\tilde{\sigma}_t^2$ 的定义与式（5.11）相同，此时式（5.11）中的 $\tilde{R}_{t-i}^{*2}$ 定义为：

$$
\tilde{R}_{t-i}^{*2} = \begin{cases}
(R_{t-i} + \alpha_1 - \beta R_{m,t-i})^2, & \text{如果 } R_{t-i}^* < \alpha_1; \\
E(R_{t-i}^{*2} \mid \alpha_1 \leqslant R_{t-i}^* \leqslant \alpha_2), & \text{如果 } \alpha_1 \leqslant R_{t-i}^* \leqslant \alpha_2; \\
(R_{t-i} + \alpha_2 - \beta R_{m,t-i})^2, & \text{如果 } R_{t-i}^* > \alpha_2.
\end{cases} \qquad (5.26)
$$

类似截断正态分布的二阶矩的计算方法，可以计算得到：

$$
\begin{aligned}
&E(R_{t-i}^{*2} \mid \alpha_1 \leqslant R_{t-i}^* \leqslant \alpha_2) = \sigma_{t-i}^2 + (\beta R_{m,t-i})^2 \\
&+ \frac{(\alpha_1 + \beta R_{m,t-i}) \sigma_{t-i} \phi\left(\frac{\alpha_1 - \beta R_{m,t-i}}{\sigma_{t-i}}\right) - (\alpha_2 + \beta R_{m,t-i}) \sigma_{t-i} \phi\left(\frac{\alpha_2 - \beta R_{m,t-i}}{\sigma_{t-i}}\right)}{\Phi\left(\frac{\alpha_2 - \beta R_{m,t-i}}{\sigma_{t-i}}\right) - \Phi\left(\frac{\alpha_1 - \beta R_{m,t-i}}{\sigma_{t-i}}\right)}
\end{aligned}
$$

$$(5.27)$$

具体的计算过程见本章最后的附录。

对式（5.25）进行优化，可以得到 LOT – GARCH 模型的近似极大似然估计，记为交易成本的 LOT – GARCH 估计。

3. LOT – GARCH – t 模型

在 LOT – GARCH 模型的基础上进一步考虑收益率序列边际分布的厚

尾特征，将式（1.21）扩展为：

$$R_t^* \mid \Phi_{t-1} \sim \beta R_{mt} + \sigma_t t(v) \Big/ \sqrt{\frac{v}{v-2}} \tag{5.28}$$

$$\sigma_t^2 = \alpha + \sum_{i=1}^{p} a_i \left(R_{t-i}^* - \beta R_{m,t-i} \right)^2 + \sum_{j=1}^{q} b_j \sigma_{t-j}^2 \tag{5.29}$$

保持式（1.22）的部分不变，得到能够更充分地考虑收益率序列的统计规律的 LOT − GARCH − t 模型。此时，同样可以得到模型的近似对数似然函数为：

$$
\begin{aligned}
\ell(\theta)^* = & \sum_{t \in U_1} \left\{ \ln\left[\Gamma\left(\frac{v+1}{2}\right) \right] - \ln\left[\Gamma\left(\frac{v}{2}\right) \right] - \frac{1}{2}\ln\left[(v-2)\pi \tilde{\sigma}_t^2 \right] \right. \\
& \left. - \frac{v+1}{2}\ln\left[1 + \frac{(R_t + \alpha_1 - \beta R_{mt})^2}{(v-2)\tilde{\sigma}_t^2} \right] \right\} \\
& + \sum_{t \in U_2} \left\{ \ln\left[\Gamma\left(\frac{v+1}{2}\right) \right] - \ln\left[\Gamma\left(\frac{v}{2}\right) \right] - \frac{1}{2}\ln\left[(v-2)\pi \tilde{\sigma}_t^2 \right] \right. \\
& \left. - \frac{v+1}{2}\ln\left[1 + \frac{(R_t + \alpha_2 - \beta R_{mt})^2}{(v-2)\tilde{\sigma}_t^2} \right] \right\} \\
& + \sum_{t \in U_0} \left\{ \ln\left[F_v\left(\frac{\alpha_2 - \beta R_{mt}}{\tilde{\sigma}_t} \sqrt{\frac{V}{V-2}} \right) - F_v\left(\frac{\alpha_1 - \beta R_{mt}}{\tilde{\sigma}_t} \sqrt{\frac{V}{V-2}} \right) \right] \right\}
\end{aligned}
\tag{5.30}
$$

其中，$\tilde{\sigma}_t^2$ 和 $\tilde{R}_{t-i}^{*2}$ 的定义方式与式（5.11）和式（5.26）相同。此时，式（5.26）中的 $E(R_{t-i}^{*2} \mid \alpha_1 \leqslant R_{t-i}^* \leqslant \alpha_2)$ 为：

$$E(R_{t-i}^{*2} \mid \alpha_1 \leqslant R_{t-i}^* \leqslant \alpha_2) = \sigma_{t-i}^2 \frac{v-2}{v} \cdot$$

$$E_v\left[X^2 \mid \frac{\alpha_1 - \beta R_{m,t-i}}{\sigma_{t-i}} \sqrt{\frac{v}{v-2}} \leqslant X \leqslant \frac{\alpha_2 - \beta R_{m,t-i}}{\sigma_{t-i}} \sqrt{\frac{v}{v-2}} \right] \tag{5.31}$$

其中，$E_v\left[X^2 \mid \frac{\alpha_1 - \beta R_{m,t-i}}{\sigma_{t-i}} \sqrt{\frac{v}{v-2}} \leqslant X \leqslant \frac{\alpha_2 - \beta R_{m,t-i}}{\sigma_{t-i}} \sqrt{\frac{v}{v-2}} \right]$ 的含义与式（5.15）中相同。

对式（5.30）的近似对数似然函数进行优化，即可得到交易成本的 LOT − GARCH − t 估计。

通过上述对 FHT 模型和 LOT 模型进行的一系列扩展，本节得到了六种新的交易成本度量模型。在模型设置上，新的模型不同程度地改进了 LOT 模型和 FHT 模型对数据统计规律刻画的不足，增加了对数据的拟合优度。

5.3 实际数据分析

5.2 节得到了六种新的交易成本度量模型，分别是 LOT – t 模型，LOT – GARCH 模型，LOT – GARCH – t 模型，FHT – t 模型，FHT – GARCH 模型和 FHT – GARCH – t 模型。从理论上讲，这些扩展充分考虑了日度收益率数据的统计特征。但这种统计方面的改进模型得到的估计结果是否是实际度量中更好的度量方法仍需要更深入的研究，三种不同的扩展思路对原始模型的改善效果是否一样也需进一步比较。本节将利用中国股票市场的实际数据，对六种扩展模型的实际测量效果进行分析。

本章的实际数据分析仍然沿用前几章中的实证比较思路，通过比较各低频度量方法与高频基准价差之间的平均绝对误差（MAE）、均方根误差（RMSE）和相关系数，来比较不同低频度量方法的估计效果。同样选择时间加权的平均报价价差（QS）、交易量加权的平均有效价差（ES），交易量加权的平均已实现价差（RS）三种高频价差作为基准，计算方法见式（2.11）~式（2.13）。样本延续了前几章筛选得到的 1270 只股票，时间区间同样为 2009 年 1 月 ~ 2015 年 12 月，所有数据均来自锐思数据库。

由于 LOT Y – split 估计以及本章中建立的大部分新的度量模型的估计过程中包含似然函数或近似似然函数的优化过程，为避免样本量过少造成的估计偏差，对每只股票使用其一年的日度数据计算各种方法的年度估计结果。对于 LOT – GARCH、LOT – GARCH – t、FHT – GARCH 和 FHT – GARCH – t 几种包含 t 分布和 GARCH 模型的扩展模型，将 t 分布和 GARCH 模型设置为自由度为 5 的 t 分布和 GARCH（1，1）模型来建立扩展模型，这种 t 分布和 GARCH 模型在国内外实证研究中已被证明能够更好地反映金融资产收益率的分布特征。

在进行 FHT – GARCH 模型、FHT – GARCH – t 模型、LOT – GARCH 模型和 LOT – GARCH – t 模型四种带有删失结构的 GARCH 模型的参数估计时，近似似然函数的优化算法也是影响估计精度的因素之一。卡佐拉里和菲奥伦蒂尼（1998）在求解标准的 Tobit – GARCH 模型的近似对数似然函数的极大值时，使用了类似菲奥伦蒂尼等（Fiorentini et al.，1996）的混合梯度算法（mixed-gradient algorithm），即在前几次迭代时使用对数似然函数的一阶导的外积，之后使用海森矩阵（Hessian matrix），直到达到收敛。他们指出，这种做法得到的参数估计的效率损失很小，只在数据中的删失比例较高（如数据中存在超过 60% 的数据缺失）时，才会影响估计的精度。在本节的研究中，我们同样使用这种混合梯度算法来优化带删失结构的 GARCH 模型的近似似然函数，以确保较好的估计效果。

5.3.1　描述性统计

表 5 – 1 给出了几种模型的参数估计结果与高频基准价差的描述性统计。具体如下。

第一，原始 LOT 模型的 LOT Y – split 估计的各项描述性统计指标均高于其他几种估计，其均值为 0.0026，中位数是 0.0020。其次是 LOT – GARCH 估计，其均值为 0.0023，中位数是 0.0018。

第二，对于 LOT 模型的几种扩展模型的估计，从均值来看，三种扩展模型得到的结果的均值均小于原始模型的 Y – split 估计，并且同时考虑厚尾性和波动聚集性两方面特征的 LOT – GARCH – t 估计的均值最小，几种估计的均值和中位数从大到小依次为 LOT – split > LOT – GARCH > LOT – t > LOT – GARCH – t。

第三，对于 FHT 模型的几种扩展模型，仅考虑波动聚集性的 FHT – GARCH 估计的均值和中位数稍高于原始的 FHT 估计，其余两种扩展模型的结果低于FHT估计，且FHT－GARCH－t估计的均值和中位数最小，几种估计的均值和中位数从大到小依次为FHT－GARCH＞FHT＞FHT－t＞FHT－GARCH－t。

由此可以看出，当模型中同时考虑厚尾性和波动聚集性时，得到的LOT－GARCH－t估计和FHT－GARCH－t估计的均值和中位数均小于其他模型，其次是仅考虑厚尾性的LOT－t模型和FHT－t模型得到结果的均值和中位数也较小。这说明当模型可以描述收益率分布的厚尾特征时，得到的交易成本的估计结果低于正态性假设的模型。因此，若真实数据具有厚尾特征，而在进行度量时使用了正态性假设的LOT模型和FHT模型，则可能高估真实的交易成本。

表5－1   LOT模型和FHT模型及扩展模型估计结果的描述性统计结果

	估计	平均值	标准差	中位数	最小值	最大值
低频流动性估计	LOT Y－split	2.5664	2.5745	2.0037	0.0000	81.7138
	LOT－t	1.7955	1.2307	1.5723	0.0000	12.8715
	LOT－GARCH	2.2711	2.1016	1.8152	0.0000	43.0167
	LOT－GARCH－t	1.6003	1.1263	1.3760	0.0000	14.6251
	FHT	1.9628	1.5620	1.6491	0.0000	31.6445
	FHT－t	1.5948	1.2610	1.3417	0.0000	25.7841
	FHT－GARCH	2.0446	1.7453	1.6802	0.0000	26.5167
	FHT－GARCH－t	1.4800	1.0777	1.2750	0.0000	12.5114
高频基准价差	报价价差（QS）	1.8318	1.2638	1.5657	0.2459	15.0915
	有效报价（ES）	1.7160	1.1044	1.4700	0.1992	13.7174
	已实现价差（RS）	0.8591	0.9590	0.8147	0.0000	11.2585

注：表中各指标均已乘以10^3。

5.3.2 估计误差比较

表5－2、表5－3、表5－4分别给出了在不同的高频基准价差下，各

模型的度量结果与高频基准价差之间的平均绝对误差（MAE）和均方根误差（RMSE）。从表 5 - 2 的结果可以看出，当以报价价差作为高频基准价差时，不管是分年的结果还是 7 年综合的结果，原始 LOT 模型的 Y - split 估计的 MAE 和 RMSE 都是最大的，其 MAE 为 0.0012，RMSE 为 0.0024。这说明不管是 FHT 模型，还是本章提出的扩展模型，都可以增强原始的 LOT 模型对流动性的度量效果。其中，LOT - GARCH - t 估计和 FHT - GARCH - t 估计对 LOT 模型的度量效果的作用最大，其 MAE 和 RMSE 约为 Y - split 估计的一半：LOT - GARCH - t 估计 7 年综合的 MAE 为 0.0007，RMSE 为 0.0010；FHT - GARCH - t 估计 7 年综合的 MAE 为 0.0007，RMSE 为 0.0010。其余几种估计的 MAE 和 RMSE 虽稍高于 LOT - GARCH - t 估计和 FHT - GARCH - t 估计，但也有较好的估计效果。

比较三种扩展思路对度量效果的改进情况可以看到，对于 LOT 模型，同时考虑厚尾性和波动聚集性的 LOT - GARCH - t 估计对原始模型的度量效果的改进最大，其次是仅考虑厚尾性的 LOT - t 估计，LOT - GARCH 估计的改进情况虽不如另外两种模型，但也有一定的改进效果。这说明对于 LOT 模型，本章的三种扩展思路均可以增强度量效果。对于 FHT 模型，同时考虑厚尾性和波动聚集性得到的 FHT - GARCH - t 估计同样具有最好的改进效果，其次是 FHT - t 估计，但仅考虑波动聚集性得到的 FHT - GARCH 估计的估计误差要高于 FHT 估计，说明对于 FHT 模型，仅改善其对波动的聚集性的刻画无法起到改进其实际度量效果的作用。

表 5 - 3 和表 5 - 4 分别给出了以有效价差和已实现价差作为高频基准价差的结果。与表 5 - 2 类似，FHT - GARCH - t 估计和 LOT - GARCH - t 估计都具有最小的 MAE 和 RMSE，其次是 FHT - t 估计和 LOT - t 估计。当仅考虑波动聚集性时，得到的 LOT - GARCH 估计的 MAE 和 RMSE 优于原始的 Y - split 估计，说明 LOT 模型的三种扩展模型都可以起到改进 LOT 模型的度量效果的作用。而对于 FHT 模型，仅考虑波动聚集性得到的 FHT - GARCH 估计不能增强 FHT 估计对流动性的度量效果，但仍然有优于 LOT - GARCH 估计和 Y - split 估计的估计精度。

表 5 - 2 以报价价差作为高频基准价差时的估计误差

估计	评价指标	7 年	2009 年	2010 年	2011 年	2012 年	2013 年	2014 年	2015 年
LOT Y - split	RMSE	2.4371	1.2118	1.4159	1.9163	2.1318	3.3060	3.4690	2.6477
	MAE	1.2459	0.8356	0.8624	1.1215	1.3269	1.4464	1.8069	1.3293
LOT - t	RMSE	1.0575	0.9058	0.8723	1.1415	1.2006	1.0577	1.0335	1.1483
	MAE	0.7577	0.6788	0.6427	0.7411	0.8465	0.7941	0.7466	0.8558
LOT - GARCH	RMSE	1.9423	1.0667	1.2809	1.9309	1.9770	1.8706	3.0615	1.7330
	MAE	1.0099	0.7629	0.7516	0.9996	1.1676	1.0747	1.3708	0.9250
LOT - GARCH - t	RMSE	1.0250	0.9130	0.8841	1.1677	1.2580	1.0162	0.9240	0.9367
	MAE	0.7287	0.6830	0.6461	0.7590	0.8935	0.7707	0.6695	0.6688
FHT	RMSE	1.3231	0.9361	0.9285	1.2123	1.2900	1.5049	1.6665	1.5343
	MAE	0.8514	0.7000	0.6729	0.7967	0.9160	0.8886	1.0265	0.9618
FHT - t	RMSE	1.1767	0.9299	0.9350	1.2211	1.3145	1.2309	1.2646	1.2743
	MAE	0.7855	0.6910	0.6854	0.8000	0.9361	0.7603	0.7919	0.8340
FHT - GARCH	RMSE	1.6305	1.1309	1.1622	1.3985	1.5073	1.5757	2.2509	2.0587
	MAE	0.9267	0.7635	0.7333	0.8831	1.0112	0.9911	1.1889	0.9188
FHT - GARCH - t	RMSE	1.0338	0.9325	0.9108	1.1966	1.3113	0.9352	0.8675	1.0000
	MAE	0.7389	0.6954	0.6685	0.7834	0.9393	0.6972	0.6343	0.7527

注：表中的 RMSE 和 MAE 均已乘以 10^3。

表 5 - 3 以有效价差作为高频基准价差时的估计误差

估计	评价指标	7 年	2009 年	2010 年	2011 年	2012 年	2013 年	2014 年	2015 年
LOT Y - split	RMSE	2.4459	1.2070	1.3995	1.8797	2.1279	3.3156	3.5291	2.6545
	MAE	1.2424	0.8247	0.8402	1.0934	1.3088	1.4494	1.8657	1.3232
LOT - t	RMSE	0.9755	0.8483	0.7859	0.9962	1.0434	1.0083	1.0096	1.1015
	MAE	0.7069	0.6417	0.5891	0.6673	0.7458	0.7564	0.7288	0.8221
LOT - GARCH	RMSE	1.9321	1.0423	1.2485	1.8797	1.9409	1.8667	3.1042	1.7177
	MAE	0.9897	0.7417	0.7192	0.9534	1.1210	1.0638	1.4101	0.9024
LOT - GARCH - t	RMSE	0.9122	0.8318	0.7796	1.0076	1.0786	0.9443	0.8471	0.8582
	MAE	0.6582	0.6289	0.5793	0.6697	0.7701	0.7165	0.6184	0.6177

续表

估计	评价指标	7 年	2009 年	2010 年	2011 年	2012 年	2013 年	2014 年	2015 年
FHT	RMSE	1.2798	0.8883	0.8571	1.0922	1.1780	1.4871	1.6959	1.5132
	MAE	0.8149	0.6668	0.6275	0.7307	0.8403	0.8656	1.0423	0.9346
FHT - t	RMSE	1.0820	0.8363	0.8266	1.0608	1.1395	1.1737	1.2396	1.2163
	MAE	0.7138	0.6270	0.6099	0.7050	0.8135	0.7059	0.7547	0.7811
FHT - G ARCH	RMSE	1.6058	1.1029	1.1179	1.3127	1.4288	1.5671	2.2905	2.0386
	MAE	0.8967	0.7367	0.6962	0.8275	0.9464	0.9770	1.2151	0.8817
FHT - G ARCH - t	RMSE	0.9068	0.8403	0.7974	1.0278	1.1206	0.8454	0.7734	0.8864
	MAE	0.6582	0.6316	0.5916	0.6845	0.8075	0.6380	0.5733	0.6802

注：表中的 RMSE 和 MAE 均已乘以 10^3。

表 5 - 4　　　　以已实现价差作为高频基准价差时的估计误差

估计	评价指标	7 年	2009 年	2010 年	2011 年	2012 年	2013 年	2014 年	2015 年
LOT Y - split	RMSE	2.8304	1.7393	1.7361	2.1994	2.6048	3.6909	3.9728	3.0199
	MAE	1.6847	1.3093	1.1578	1.4476	1.7750	1.9523	2.4358	1.7242
LOT - t	RMSE	1.2579	1.2330	0.9594	1.0496	1.1692	1.3650	1.4598	1.4801
	MAE	0.9596	0.9693	0.7363	0.8047	0.9086	1.0464	1.1361	1.1211
LOT - G ARCH	RMSE	2.2763	1.5235	1.5269	2.1097	2.3079	2.2814	3.4791	2.1013
	MAE	1.3759	1.1598	0.9895	1.2343	1.4780	1.4923	1.9380	1.3292
LOT - G ARCH - t	RMSE	1.0464	1.0380	0.8029	0.9306	1.0367	1.1478	1.1710	1.1651
	MAE	0.7880	0.7930	0.6124	0.6877	0.7853	0.8577	0.9039	0.8945
FHT	RMSE	1.6103	1.2941	1.0665	1.2314	1.4587	1.9016	2.1593	1.8561
	MAE	1.1215	1.0072	0.8011	0.9102	1.0983	1.2967	1.5192	1.2224
FHT - t	RMSE	1.2022	0.9442	0.7887	0.9435	1.0719	1.3977	1.5988	1.4391
	MAE	0.8095	0.7209	0.5810	0.6668	0.7901	0.8985	1.0840	0.9289
FHT - G ARCH	RMSE	1.9255	1.5142	1.3587	1.5238	1.7465	2.0189	2.7048	2.2578
	MAE	1.2149	1.0954	0.9085	1.0373	1.2282	1.4281	1.7046	1.1073
FHT - G ARCH - t	RMSE	0.9463	0.9558	0.7328	0.8634	0.9658	1.0231	1.0830	0.9611
	MAE	0.7073	0.7235	0.5557	0.6242	0.7240	0.7892	0.8315	0.7042

注：表中的 RMSE 和 MAE 均已乘以 10^3。

5.3.3　相关系数比较

表 5 – 5、表 5 – 6、表 5 – 7 从相关系数的角度比较了几种度量的测量效果。从表中的结果可以看出，当以报价价差作为高频基准价差时，不管是分年的结果还是 7 年综合的结果，原始 LOT 模型的 Y – split 估计的相关系数都低于其他几种估计，7 年综合的相关系数为 0.4031，这同样说明，FHT 模型和各扩展模型对原始的 LOT 模型的度量具有改进作用。在这些度量中，FHT – GARCH – t 估计和 LOT – GARCH – t 估计对估计效果的作用最大，7 年的综合相关系数分别为 0.6238 和 0.6112。其余几种估计也能够在一定程度上改进 Y – split 估计的估计效果。

对于 LOT 模型，本章的三种改进模型得到的估计的相关系数都高于 Y – split 估计，其中 LOT – t 估计和 LOT – GARCH – t 估计相比 Y – split 估计的相关系数增幅较大。而对于 FHT 模型，仅考虑波动聚集性得到的 FHT – GARCH 估计的相关系数低于原始的 FHT 估计，说明仅改善 FHT 模型对波动的聚集性的刻画无法真正改进其对流动性的测量效果。

表 5 – 6 和表 5 – 7 分别给出了以有效价差和已实现价差作为高频基准价差时的相关系数结果。与表 5 – 5 类似，Y – split 估计具有最低的相关系数，而 FHT – GARCH – t 估计和 LOT – GARCH – t 估计的相关系数总是最高的，其次是 FHT – t 估计和 LOT – t 估计。当仅考虑波动聚集性时，LOT – GARCH 估计的相关系数优于 Y – split 估计，说明 LOT 模型的三种扩展模型都可以起到改进 LOT 模型的测量效果的作用。而对于 FHT 模型，仅考虑波动聚集性得到的 FHT – GARCH 估计的相关系数低于 FHT 估计，但仍然有高于 LOT – GARCH 估计和 Y – split 估计的测量效果。这些结果与估计误差的结果一致。

表 5 - 5　　　　　　　　以报价价差作为基准价差时的相关系数

估计	7 年	2009 年	2010 年	2011 年	2012 年	2013 年	2014 年	2015 年
LOT Y - split	0.4031 (0.0000)	0.5839 (0.0000)	0.4033 (0.0000)	0.3456 (0.0000)	0.4640 (0.0000)	0.3687 (0.0000)	0.4869 (0.0000)	0.2600 (0.0000)
LOT - t	0.5890 (0.0000)	0.6363 (0.0000)	0.5592 (0.0000)	0.5203 (0.0000)	0.6319 (0.0000)	0.6177 (0.0000)	0.6964 (0.0000)	0.3869 (0.0000)
LOT - GARCH	0.4172 (0.0000)	0.6043 (0.0000)	0.4198 (0.0000)	0.3168 (0.0000)	0.4526 (0.0000)	0.4597 (0.0000)	0.3928 (0.0000)	0.3050 (0.0000)
LOT - GARCH - t	0.6112 (0.0000)	0.6565 (0.0000)	0.5799 (0.0000)	0.5344 (0.0000)	0.6380 (0.0000)	0.6318 (0.0000)	0.6818 (0.0000)	0.4143 (0.0000)
FHT	0.5443 (0.0000)	0.6433 (0.0000)	0.5333 (0.0000)	0.4974 (0.0000)	0.5961 (0.0000)	0.5719 (0.0000)	0.6220 (0.0000)	0.3740 (0.0000)
FHT - t	0.5455 (0.0000)	0.6434 (0.0000)	0.5334 (0.0000)	0.4975 (0.0000)	0.5963 (0.0000)	0.5721 (0.0000)	0.6221 (0.0000)	0.3741 (0.0000)
FHT - GARCH	0.4949 (0.0000)	0.5858 (0.0000)	0.4547 (0.0000)	0.4706 (0.0000)	0.5407 (0.0000)	0.5586 (0.0000)	0.5077 (0.0000)	0.3054 (0.0000)
FHT - GARCH - t	0.6238 (0.0000)	0.6557 (0.0000)	0.5740 (0.0000)	0.5383 (0.0000)	0.6306 (0.0000)	0.6773 (0.0000)	0.7120 (0.0000)	0.4161 (0.0000)

注：表中相关系数下的数字为相关系数的显著性检验的 p 值。

表 5 - 6　　　　　　　　以有效价差作为基准价差时的相关系数

估计	7 年	2009 年	2010 年	2011 年	2012 年	2013 年	2014 年	2015 年
LOT Y - split	0.4314 (0.0000)	0.6051 (0.0000)	0.4358 (0.0000)	0.3822 (0.0000)	0.5005 (0.0000)	0.3944 (0.0000)	0.5275 (0.0000)	0.3029 (0.0000)
LOT - t	0.6301 (0.0000)	0.6609 (0.0000)	0.5991 (0.0000)	0.5667 (0.0000)	0.6787 (0.0000)	0.6569 (0.0000)	0.7567 (0.0000)	0.4479 (0.0000)
LOT - GARCH	0.4444 (0.0000)	0.6264 (0.0000)	0.4502 (0.0000)	0.3479 (0.0000)	0.4881 (0.0000)	0.4909 (0.0000)	0.4209 (0.0000)	0.3500 (0.0000)
LOT - GARCH - t	0.6510 (0.0000)	0.6793 (0.0000)	0.6160 (0.0000)	0.5793 (0.0000)	0.6846 (0.0000)	0.6677 (0.0000)	0.7358 (0.0000)	0.4712 (0.0000)

估计	7 年	2009 年	2010 年	2011 年	2012 年	2013 年	2014 年	2015 年
FHT	0.5799 (0.0000)	0.6664 (0.0000)	0.5702 (0.0000)	0.5416 (0.0000)	0.6405 (0.0000)	0.6082 (0.0000)	0.6725 (0.0000)	0.4201 (0.0000)
FHT – t	0.5801 (0.0000)	0.6664 (0.0000)	0.5703 (0.0000)	0.5417 (0.0000)	0.6407 (0.0000)	0.6084 (0.0000)	0.6727 (0.0000)	0.4202 (0.0000)
FHT – GARCH	0.5148 (0.0000)	0.6056 (0.0000)	0.4863 (0.0000)	0.5111 (0.0000)	0.5810 (0.0000)	0.5943 (0.0000)	0.5441 (0.0000)	0.3038 (0.0000)
FHT – GARCH – t	0.6651 (0.0000)	0.6794 (0.0000)	0.6110 (0.0000)	0.5842 (0.0000)	0.6782 (0.0000)	0.7193 (0.0000)	0.7686 (0.0000)	0.4703 (0.0000)

注：表中相关系数下的数字为相关系数的显著性检验的 p 值。

表 5 – 7　　　　　　　　以已实现价差作为基准价差时的相关系数

估计	7 年	2009 年	2010 年	2011 年	2012 年	2013 年	2014 年	2015 年
LOT Y – split	0.4536 (0.0000)	0.6058 (0.0000)	0.4603 (0.0000)	0.4049 (0.0000)	0.4888 (0.0000)	0.4073 (0.0000)	0.5452 (0.0000)	0.3912 (0.0000)
LOT – t	0.6493 (0.0000)	0.6612 (0.0000)	0.6221 (0.0000)	0.5916 (0.0000)	0.6721 (0.0000)	0.6751 (0.0000)	0.7837 (0.0000)	0.5757 (0.0000)
LOT – GARCH	0.4599 (0.0000)	0.6286 (0.0000)	0.4673 (0.0000)	0.3643 (0.0000)	0.4769 (0.0000)	0.5053 (0.0000)	0.4256 (0.0000)	0.4096 (0.0000)
LOT – GARCH – t	0.6635 (0.0000)	0.6813 (0.0000)	0.6361 (0.0000)	0.6017 (0.0000)	0.6766 (0.0000)	0.6837 (0.0000)	0.7534 (0.0000)	0.5458 (0.0000)
FHT	0.5983 (0.0000)	0.6671 (0.0000)	0.5939 (0.0000)	0.5658 (0.0000)	0.6271 (0.0000)	0.6253 (0.0000)	0.6913 (0.0000)	0.4914 (0.0000)
FHT – t	0.5995 (0.0000)	0.6672 (0.0000)	0.5940 (0.0000)	0.5660 (0.0000)	0.6274 (0.0000)	0.6255 (0.0000)	0.6916 (0.0000)	0.4914 (0.0000)
FHT – GARCH	0.5323 (0.0000)	0.6076 (0.0000)	0.5066 (0.0000)	0.5297 (0.0000)	0.5684 (0.0000)	0.6107 (0.0000)	0.5570 (0.0000)	0.3520 (0.0000)
FHT – GARCH – t	0.6840 (0.0000)	0.6806 (0.0000)	0.6333 (0.0000)	0.6086 (0.0000)	0.6712 (0.0000)	0.7421 (0.0000)	0.7865 (0.0000)	0.5485 (0.0000)

注：表中相关系数下的数字为相关系数的显著性检验的 p 值。

综合表 5 - 2 ~ 表 5 - 7 的结果可以看出，从估计误差和相关系数两方面标准而言，本章提出的几种扩展模型都能在一定程度上增强原始 LOT 模型和 FHT 模型的度量效果，从而验证了六种新模型的扩展思路的有效性。

此外，本节的结果还显示，考虑收益率分布的厚尾性对模型的改进效果高于波动聚集性，在一些情况下，仅考虑波动聚集性无法增强估计效果，而当模型能够同时刻画厚尾性和波动聚集性时，可以得到最优的度量效果。

5.4　本 章 总 结

不同于第 4 章对 LOT 度量进行的估计方法的改进，本章的研究从模型设置的角度对原始的 LOT 模型进行了扩展。根据已有文献中得到的收益率序列具有的分布的厚尾特征和波动的聚集性，本章对 LOT 模型和 FHT 模型进行了两方面的扩展：一是考虑误差分布的厚尾特征；二是基于 GARCH 模型给出了一种动态模型。首先，LOT 模型和 FHT 模型假设了误差项的分布是正态分布，但是日度收益率分布通常都是厚尾的。因此，使用厚尾的分布来设定模型中的误差项可以对收益率数据给出更好的统计拟合，由此也可以给出新的流动性的度量。其次，LOT 模型本质上是一个静态的模型，没有考虑到误差项的动态特征。考虑到收益率波动的聚集性，我们将其中的误差项设定成 GARCH 模型，包括基于正态分布和基于厚尾的 t 分布两种情况。

从理论上讲，上述扩展思路充分考虑了日度收益率数据的统计特征，能够增加模型的拟合优度。通过数据分析，我们也验证了在实际应用中扩展后的模型确实可以得到更好的度量效果。从实际数据的结果来看，本章提出的几种扩展模型都能在一定程度上增强原始 LOT Y - split 估计的度量效果，并且当模型设置能够同时反映收益率的厚尾性和波动聚集性时得到的估计结果具有最好的度量效果。此外，实际数据的结果还表明，当模型能够同时刻画厚尾性和波动聚集性时，得到的度量效果是最好的。若仅考虑波动聚集性，在某些情况下则无法增强原始模型的度量效果。这说明厚尾性相比波动聚集性在实际度量中起到了更重要的作用。

本章提出的六种新的交易成本度量模型，一方面扩展了流动性度量领域的文献成果，实现了 LOT 模型对波动的动态刻画；另一方面也为流动性实证研究提供了新的工具。

附录

1. 式（5.10）的计算

式（5.10）即需计算当随机变量 X 服从 $N(0, \sigma^2)$ 时的条件二阶矩 $E\left\{X^2 \mid -\dfrac{s}{2} \leqslant X \leqslant \dfrac{s}{2}\right\}$，计算过程如下：

$$E\left\{X^2 \mid -\frac{s}{2} \leqslant X \leqslant \frac{s}{2}\right\} = \int_{-\frac{s}{2}}^{\frac{s}{2}} \frac{x^2 \exp\{-x^2/(2\sigma^2)\}/\sqrt{2\pi\sigma^2}}{\Phi\left(\frac{s}{2\sigma}\right) - \Phi\left(-\frac{s}{2\sigma}\right)} dx$$

$$= \frac{-\sigma^2 x/\sqrt{2\pi\sigma^2}\exp\{-x^2/(2\sigma^2)\}}{2\Phi\left(\frac{s}{2\sigma}\right) - 1} \Bigg|_{-s/2}^{s/2}$$

$$+ \int_{-\frac{s}{2}}^{\frac{s}{2}} \frac{\sigma^2 \exp\{-x^2/(2\sigma^2)\}/\sqrt{2\pi\sigma^2}}{\Phi\left(\frac{s}{2\sigma}\right) - \Phi\left(-\frac{s}{2\sigma}\right)} dx$$

$$= \frac{-\sigma\frac{s}{2}\phi\left(\frac{s}{2\sigma}\right) - \sigma\frac{s}{2}\phi\left(-\frac{s}{2\sigma}\right)}{2\Phi\left(\frac{s}{2\sigma}\right) - 1} + \sigma^2 = \sigma^2 - \frac{s\sigma\phi\left(\frac{s}{2\sigma}\right)}{2\Phi\left(\frac{s}{2\sigma}\right) - 1}$$

2. 式（5.16）的计算

假设 X 服从自由度为 v 的 t 分布，则：

$$E\{X^2 \mid a \leqslant x \leqslant b\} = \int_a^b \frac{x^2 \Gamma\left(\frac{v+1}{2}\right)}{\Gamma\left(\frac{v}{2}\right)\sqrt{\pi v}}\left(1 + \frac{x^2}{v}\right)^{-\frac{v+1}{2}} \frac{1}{F_v(b) - F_v(a)} dx$$

$$= c \cdot \int_a^b x^2 \left(1 + \frac{x^2}{v}\right)^{-\frac{v+1}{2}} dx$$

其中，

$$c = \frac{\Gamma\left(\frac{v+1}{2}\right)}{\sqrt{\pi v}\,\Gamma\left(\frac{v}{2}\right)} \frac{1}{F_v(b) - F_v(a)}$$

$$\int_a^b x^2 \left(1 + \frac{x^2}{v}\right)^{-\frac{v+1}{2}} dx = \left(1 + \frac{x^2}{v}\right)^{-\frac{v-1}{2}} \left(1 - \frac{v}{v-1}\right) x \Big|_a^b + \int_a^b \frac{v}{v-1} \left(1 + \frac{x^2}{v}\right)^{-\frac{v-1}{2}} dx$$

$$= \frac{v}{v-1} a \left(1 + \frac{a^2}{v}\right)^{-\frac{v-1}{2}} - \frac{v}{v-1} b \left(1 + \frac{b^2}{v}\right)^{-\frac{v-1}{2}}$$

$$+ \int_a^b \frac{v}{v-1} \left(1 + \frac{x^2}{v-2} \frac{v-2}{v}\right)^{-\frac{v-2+1}{2}} dx$$

$$= \frac{v}{v-1} a \left(1 + \frac{a^2}{v}\right)^{-\frac{v-1}{2}} - \frac{v}{v-1} b \left(1 + \frac{b^2}{v}\right)^{-\frac{v-1}{2}}$$

$$+ \int_{\sqrt{\frac{v-2}{v}}a}^{\sqrt{\frac{v-2}{v}}b} \frac{v}{v-1} \sqrt{\frac{v}{v-2}} \left(1 + \frac{y^2}{v-2}\right)^{-\frac{v-2+1}{2}} dy$$

$$= \frac{v}{v-1} a \left(1 + \frac{a^2}{v}\right)^{-\frac{v-1}{2}} - \frac{v}{v-1} b \left(1 + \frac{b^2}{v}\right)^{-\frac{v-1}{2}} + A_2$$

其中，

$$A_2 = \int_{\sqrt{\frac{v-2}{v}}a}^{\sqrt{\frac{v-2}{v}}b} \frac{v}{v-1} \sqrt{\frac{v}{v-2}} \left(1 + \frac{y^2}{v-2}\right)^{-\frac{v-2+1}{2}} dy$$

$$= \frac{v^{3/2} \sqrt{\pi}}{v-1} \frac{\Gamma\left(\frac{v-2}{2}\right)}{\Gamma\left(\frac{v-1}{2}\right)} \left[F_{v-2}\left(\sqrt{\frac{v-2}{v}}b\right) - F_{v-2}\left(\sqrt{\frac{v-2}{v}}a\right)\right]$$

即可得到式（5.16）。

3. 式（5.27）的计算

式（5.27）即要计算当随机变量 X 服从 $N(\mu, \sigma^2)$ 时的条件二阶矩 $E\{X^2 \mid \alpha_1 \leqslant X \leqslant \alpha_2\}$，计算过程如下：

$$E\{X^2 \mid \alpha_1 \leqslant X \leqslant \alpha_2\} = \int_{\alpha_1-\mu}^{\alpha_2-\mu} \frac{(z+\mu)^2 \exp\left\{-\frac{z^2}{2\sigma^2}\right\} \Big/ \sqrt{2\pi\sigma^2}}{\Phi\left(\frac{\alpha_2-\mu}{\sigma}\right) - \Phi\left(\frac{\alpha_1-\mu}{\sigma}\right)} dz = A + B + C$$

其中，

$$A = \int_{\alpha_1-\mu}^{\alpha_2-\mu} \frac{(z)^2 \exp\left\{-\dfrac{z^2}{2\sigma^2}\right\} \dfrac{1}{\sqrt{2\pi\sigma^2}}}{\Phi\left(\dfrac{\alpha_2-\mu}{\sigma}\right) - \Phi\left(\dfrac{\alpha_1-\mu}{\sigma}\right)} dz$$

$$= \frac{-\sigma^2 z\exp\left\{-\dfrac{z^2}{2\sigma}\right\}\Big/\sqrt{2\pi\sigma^2}}{\Phi\left(\dfrac{\alpha_2-\mu}{\sigma}\right) - \Phi\left(\dfrac{\alpha_1-\mu}{\sigma}\right)}\Bigg|_{\alpha_1-\mu}^{\alpha_2-\mu} + \int_{\alpha_1-\mu}^{\alpha_2-\mu} \frac{\sigma^2 \exp\left\{-\dfrac{z^2}{2\sigma^2}\right\}\Big/\sqrt{2\pi\sigma^2}}{\Phi\left(\dfrac{\alpha_2-\mu}{\sigma}\right) - \Phi\left(\dfrac{\alpha_1-\mu}{\sigma}\right)}dz$$

$$= \sigma^2 + \frac{-\sigma(\alpha_2-\mu)\phi\left(\dfrac{\alpha_2-\mu}{\sigma}\right) + \sigma(\alpha_1-\mu)\phi\left(\dfrac{\alpha_1-\mu}{\sigma}\right)}{\Phi\left(\dfrac{\alpha_2-\mu}{\sigma}\right) - \Phi\left(\dfrac{\alpha_1-\mu}{\sigma}\right)}$$

$$B = \int_{\alpha_1-\mu}^{\alpha_2-\mu} \frac{2z\mu\exp\left\{-\dfrac{z^2}{2\sigma^2}\right\}\Big/\sqrt{2\pi\sigma^2}}{\Phi\left(\dfrac{\alpha_2-\mu}{\sigma}\right) - \Phi\left(\dfrac{\alpha_1-\mu}{\sigma}\right)}dz$$

$$= \frac{-2\sigma^2\mu\exp\left\{-\dfrac{z^2}{2\sigma^2}\right\}\Big/\sqrt{2\pi\sigma^2}}{\Phi\left(\dfrac{\alpha_2-\mu}{\sigma}\right) - \Phi\left(\dfrac{\alpha_1-\mu}{\sigma}\right)}\Bigg|_{\alpha_1-\mu}^{\alpha_2-\mu}$$

$$= \frac{-2\sigma\mu\phi\left(\dfrac{\alpha_2-\mu}{\sigma}\right) + 2\sigma\mu\phi\left(\dfrac{\alpha_1-\mu}{\sigma}\right)}{\Phi\left(\dfrac{\alpha_2-\mu}{\sigma}\right) - \Phi\left(\dfrac{\alpha_1-\mu}{\sigma}\right)}$$

$$C = \mu^2$$

因此，

$$E\{X^2 \mid \alpha_1 \leqslant X \leqslant \alpha_2\}$$

$$= \sigma^2 + \mu^2 + \frac{-\sigma(\alpha_2+\mu)\phi\left(\dfrac{\alpha_2-\mu}{\sigma}\right) + \sigma(\alpha_1+\mu)\phi\left(\dfrac{\alpha_1-\mu}{\sigma}\right)}{\Phi\left(\dfrac{\alpha_2-\mu}{\sigma}\right) - \Phi\left(\dfrac{\alpha_1-\mu}{\sigma}\right)}$$

将 μ 替换为 $\beta R_{m,t-i}$ 即有式（5.27）。

第 6 章

中国股票市场流动性度量的实证比较

6.1 引　　言

前述的内容对交易成本的 LOT 度量的统计性质进行了研究，并从估计方法和模型设置两方面对 LOT 度量进行了扩展，提出了新的交易成本度量模型和方法。第 1 章，我们介绍了在研究和应用中常用的各种流动性度量方法，包括从交易成本等维度对流动性进行度量的各项指标。本章将基于中国股票市场的数据，综合考察包括交易成本、价格响应等维度的流动性度量方法的度量效果，分析并比较这些方法在中国市场上的适用性。

如前述所说，衡量流动性的低频度量方法有很多，如何统一地对这些低频指标的度量效果进行评价，并从中选择适用于具体金融市场流动性度量的指标是一个非常重要的问题。目前文献中常用实证的比较方法探讨在不同金融市场上各种流动性度量指标的适用性，例如，对于美国股票市场，古恩考等（2009）基于美国股票市场的数据对 24 种低频交易成本和价格响应度量进行了整理，比较了低频指标与高频基准指标之间的相关性和估计误差，探讨了低频流动性度量指标在美国股票市场上的适用性；科温和舒尔茨（2012）比较了 High – Low 估计、Roll 估计等四种价差估计方法与高频基准价差之间的相关性大小，发现 High – Low 估计的表现优于 Roll 估计等其他估计；阿布迪和罗纳尔多（2017）基于纽约证券交易所（New York Stock Exchange，NYSE）、美国证券交易所（American Stock Exchange）和纳斯达克股票市场（NASDAQ Stock Market）等美国股票市场的交易数据比较了 Roll 协方差估计、哈斯布鲁克的贝叶斯估计、High – Low 估计和他们提出的 Close – High – Low 估计等多种流动性估计的度量效果；冯等（2017）比较了包括 Roll 协方差估计、LOT 估计以及 FHT 估计等买卖价差估计方法，并且发现 FHT 估计与高频基准价差间相关性最强；等等。

对于美国其他类型的金融市场的流动性度量的适用性，也有一些学者进行了讨论，如马歇尔等（Marshall et al.，2012）、卡诺克等（Karnaukh et al.，2015）分别对美国的商品期货市场和外汇市场进行了类似的研究；包等（Bao et al.，2011）、费尔沃德等（Friewald et al.，2012）对美国债券市场的部分流动性指标的度量效果进行了比较；斯切塔格等（Schestag et al.，2016）全面系统地探究了低频流动性度量对于美国公司债券市场的适用性，得出了 High – Low 估计为最适用于美国公司债券市场的低频流动性指标的结论。

相比美国市场，我国金融市场的流动性度量指标的适用性的研究起步较晚，但也有一些研究成果，主要有张峥等（2013）采用中国股票市场1999 年至 2009 年的数据，通过计算低频指标与高频基准指标之间的相关性，对多种低频流动性指标的度量效果进行了比较；陈辉（2014）同样采用相关性作为评价准则，对 Roll 协方差估计和 High – Low 估计在我国股票市场上的度量效果进行了比较；高扬（2015）在张峥等（2013）的基础上，选择了中国股票市场 2009 年到 2013 年的数据，比较了 Roll 协方差估计、哈斯布鲁克的贝叶斯估计、High – Low 估计，以及基于 High – Low 模型提出的一系列改进的估计方法与高频基准价差指标之间的估计误差和相关系数，从估计精度和相关系数两个方面研究了中国股票市场低频流动性度量的适用性问题，得到了基于 High – Low 模型得到的改进的度量方法更适合中国市场的结论；冯等（2017）和安等（Ahn et al.，2018）均比较了全球包括中国在内的多个新兴市场的低频流动性度量指标的度量效果，但由于研究的时间区间较短，不具有较高的代表性；王超等（2017）对中国债券市场上流动性度量方法的效果进行了比较，发现 FHT 估计具有更好的度量效果；万孝园等（2018）对近 20 年文献中常用的流动性各维度的低频指标进行了评估；等等。

在这些关于中国市场流动性度量效果的实证研究中，大多是以相关系数作为评价标准进行的比较，而从估计误差的角度比较各低频指标的度量效果的研究较少。在市场微观结构领域关于流动性的研究中，流动性度量方法的估计精度与相关性强弱同样重要。虽然资产定价等问题更侧重于流动性度量的相关性大小，但是在市场有效性、投资者交易策略和资产配置等问题中，通常更注重流动性度量的估计精度，如活跃交易者通常需要了解准确的交易成本或者买卖价差的数值，因此度量方法的准确性尤为重要。将相关系数和估计精度两方面评价标准相结合，对低频度量指标进行综合评价，可以为不同类型的金融实证研究提供适用的流动性度量方法，使结果更为全面。

本章将结合估计误差的大小和相关性强弱两方面评价准则，基于中国股票市场 2009 年至 2015 年的交易数据（数据来自锐思数据库），考察交易成本维度的各低频度量方法，以及价格响应维度的各度量方法的效果，为后续关于中国股票市场流动性的研究以及流动性度量的选择提供实证依据。

6.2　流动性度量方法

本章所考虑的低频流动性度量方法，除前几章的交易成本维度的度量方法以外，还包含了价格响应维度的低频度量方法。本节首先对这两方面的流动性度量方法进行介绍。

6.2.1 低频交易成本度量指标

本章选择的低频交易成本度量方法，除了基于 LOT 模型的 LOT Y – split 估计、LOT Mixed 估计、LOT Bayes 估计、FHT 估计以及第 5 章中的扩展方法以外，也考虑了文献中常用的基于 Roll 模型的相关估计方法，包括罗尔（1984）提出的协方差估计（Roll）、哈斯布鲁克（2004，2009）提出的 Roll 模型的贝叶斯估计（Roll – Gibbs）、科温和舒尔茨（2012）提出的 High – Low 估计（HL）、高扬和王明进（2014）在 High – Low 模型的基础上提出的极大似然估计（MLE）、高和王（Gao & Wang，2017）基于 High – Low 模型提出的 5 个矩估计（HL1 ~ HL5），以及两个广义矩估计（GMM1 和 GMM2）。在第 1 章中，我们已经对部分方法进行了介绍，本节将主要介绍高扬和王明进（2014）、高和王（2017）提出的基于 High – Low 模型的估计方法。

在 Roll 模型的基础上，科温和舒尔茨（2012）通过假设最高价通常是由买方发起的交易形成，而最低价则一般是由卖方发起的交易形成，得到了式（1.13）所示的 High – Low 估计。在此基础上，高扬和王明进（2014）利用价格极差的对数近似服从正态分布的特性，给出了一种新的近似最大似然估计方法，记为 MLE。根据布朗过程极差的密度函数，可以写出真实价格的极差 r_t 和观测价格的极差 r_t^o 的密度函数。但由于密度函数的形式较为复杂，直接进行优化存在困难，因此高扬和王明进（2014）仿照阿里扎德等（Alizadeh et al.，2002）的做法，将极差的对数的分布近似地看作正态分布，得到真实价格极差 r_t 的密度函数可以用如下形式的对数正态函数近似：

$$f(r_t) = \frac{1}{\sqrt{2\pi} \, 0.292 r_t} \exp\left[-\frac{(\ln r_t - 0.425 - \ln\sigma)^2}{2 \cdot 0.292^2} \right] \qquad (6.1)$$

根据式（1.9），可以得到观测价格极差 r_t^o 的近似密度函数为：

$$f(r_t^o) = \frac{1}{\sqrt{2\pi} \, 0.292 (r_t^o - s)} \exp\left[-\frac{(\ln(r_t^o - s) - 0.425 - \ln\sigma)^2}{2 \cdot 0.292^2} \right] \qquad (6.2)$$

由此可得对数似然函数的形式为：

$$\ell(s, \sigma) = c - \sum_{t=1}^{n} \left[\ln(r_t^o - s) + 5.86(\ln(r_t^o - s) - 0.425 - \ln\sigma)^2 \right]$$

$$(6.3)$$

其中，c 为与参数无关的常数。极大化式（6.3）即可得到交易成本 s 的一种近似极大似然估计，记为 MLE。

此外，高和王（2017）在 High – Low 估计的基础上提出了几种矩估计和广义矩估计。除式（1.11）和式（1.12）的两个矩条件以外，他们基于价格极差还得到了如下两个矩条件：

$$\beta_1 = E[r_t^o] = k_1 \sigma + s \qquad (6.4)$$

$$\gamma_1 = E[r_{t,t+1}^o] = \sqrt{2}k_1 \sigma + s \qquad (6.5)$$

基于式（1.11）、式（1.12）、式（6.4）和式（6.5）四个矩条件，除 High – Low 估计以外，还可以得到其余五种矩估计：

$$\hat{s}_1 = \frac{\sqrt{2}\,\hat{\beta}_1 - \sqrt{\hat{\gamma}_1}}{\sqrt{2} - 1} \qquad (6.6)$$

$$\hat{s}_2 = \hat{\beta}_1 - \frac{k_1}{\sqrt{k_2 - k_1^2}} \sqrt{\hat{\beta}_2 - \hat{\beta}_1^2} \qquad (6.7)$$

$$\hat{s}_3 = \hat{\gamma}_1 - \frac{k_1}{\sqrt{k_2 - k_1^2}} \sqrt{\hat{\gamma}_2 - \hat{\gamma}_1^2} \qquad (6.8)$$

$$\hat{s}_4 = \frac{(2k_2 - \sqrt{2}k_1^2)\hat{\beta}_1 - k_1 \sqrt{2(k_1^2 - k_2)\hat{\beta}_1^2 + [2k_2 + (1 - 2\sqrt{2})k_1^2]\hat{\gamma}_2}}{2k_2 + (1 - 2\sqrt{2})k_1^2}$$

$$(6.9)$$

$$\hat{s}_5 = \frac{(k_2 - \sqrt{2}k_1^2)\hat{\gamma}_1 + \sqrt{2}k_1 \sqrt{(k_1^2 - k_2)\hat{\gamma}_1^2 + [k_2 + (2 - \sqrt{2})k_1^2]\hat{\beta}_1}}{k_2 + (2 - 2\sqrt{2})k_1^2}$$

$$(6.10)$$

将式（6.6）~式（6.10）得到的五种估计分别记为 HL1 ~ HL5。在实际估计时，若出现得到的 HL1 ~ HL5 估计值为负数的情况，则将估计结果记为 0。

更进一步地，高和王（2017）根据式（1.11）、式（1.12）、式（6.4）、式（6.5）构造了五种有效价差的广义矩估计，包括四种由三个矩条件构造的广义矩估计和一种由四个矩条件构造的广义矩估计。在本章中，我们选取了高和王（2017）基于三个矩条件建立的广义矩估计中表现最优的 GMM1 和基于四个矩条件得到的 GMM2 进行比较研究。

6.2.2　低频价格响应度量指标

价格响应指的是市场上交易者进行一定量的交易对资产价格产生的影响，也是常用来刻画流动性的维度之一。类似古恩考等（2009）、张铮等（2013）的研究，本章的比较分析除了交易成本维度的方法以外，也选取了三种常用的价格响应度量方法，分别为 Amihud 指标、Amivest 指标、换手率（Turnover）。

1. Amihud 指标

阿米胡德（2002）提出的 Amihud 指标是最具代表性也是应用最广泛的价格响应指标，它通过计算日收益率与个股日交易金额的比值衡量非流动性。在古恩考等（2009）和张铮等（2013）的研究中，Amihud 指标都是表现较好的流动性度量方法之一。Amihud 指标的定义方法为：

$$\text{Amihud} = \frac{1}{N} \sum_{t=1}^{N} \frac{|r_{jt}|}{V_{jt}} \tag{6.11}$$

其中，N 为一段时间内交易的天数，r_{jt} 为股票 j 第 t 天的收益率，V_{jt} 为第 t 天的交易量。

2. Amivest 指标

另一个与 Amihud 指标有着密切关系的价格响应指标是 Amivest 指标。与 Amihud 指标相反，Amivest 指标通过计算个股日交易金额与日收益率的比值衡量流动性比率的大小，计算方法如下：

$$Amivest = \frac{1}{N} \sum_{t=1}^{N} \frac{V_{jt}}{|r_{jt}|} \qquad (6.12)$$

3. 换手率

换手率也是研究中常用的流动性度量指标，指的是一段时间内交易量占所有流通股数的比例。本章的研究使用日度换手率数据（即每只股票每天的成交量占流通股数的比例）的年内求和结果作为年度换手率，记为Turnover。

6.3　中国股票市场流动性度量结果

本章的研究使用的样本和时间区间沿用了前几章实际数据分析中在上海证券交易所和深圳证券交易所所有非中小板和创业板的股票中筛选得到的 1270 只样本股票 2009 年 1 月 ~ 2015 年 12 月的数据，数据来自锐思（RESSET）数据库。与前几章相同，本章的研究将基于与三种高频基准价差之间的误差和相关系数两种方式对低频度量进行比较和评价，高频基准价差的计算见式（2.11）~ 式（2.13）。

图 6.1 首先绘制了三种高频基准价差——时间加权相对报价价差（QS）、交易量加权相对有效价差（ES）以及交易量加权相对已实现价差（RS）的时间序列图，由此反映了中国市场 2009 ~ 2015 年的流动性变化趋势。从图中可以看出，三种高频价差具有相同的变化趋势，已实现价差显著低于其余两种价差，报价价差和有效价差的取值非常接近，大致在0.13% ~ 0.37% 范围内波动。三种价差都在 2012 年出现最高值，在 2015年达到最低值。自 2009 年之后，中国股票市场的价差有逐渐降低的趋势，说明流动性有所增强；但在 2011 年后又有逐渐上升的趋势，直到 2012 年达到峰值，这期间流动性逐渐变弱；此后，流动性又有所增强，直到2015 年达到价差的最低值。由于市场行情会影响到市场流动性，当市场行情处于上升期时，财富效应有助于投资者进行交易，市场的流动性水平

会升高；反之，在市场下降期，投资者受资金的约束减少交易，进而市场的流动性会下降。图6.1也在一定程度上反映了中国市场2009年后先升后降再升的市场行情。

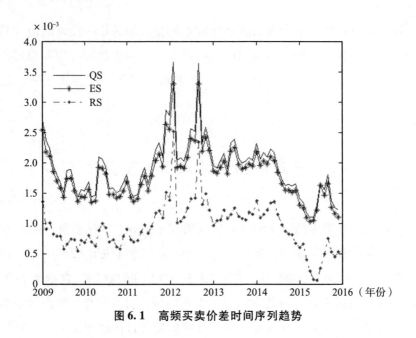

图6.1　高频买卖价差时间序列趋势

表6-1给出了各高频基准流动性指标和低频估计指标的描述性统计结果。对于高频基准指标，报价价差的平均值约为0.0018，有效价差约为0.0017，已实现价差约为0.0009，这个结果与张峥等（2013）的基准价差相比稍小。这是因为本书的研究所考察的时间范围位于张峥等（2013）所采用的样本时间区间之后，说明近年来中国股票市场的买卖价差有降低的趋势，我国股票市场存在流动性增强的现象。此外，我们得到的三种高频买卖价差的平均值均明显低于古恩考等（2009）计算的美国股票市场的平均价差，这表明从平均意义上看，中国股票市场的流动性要优于美国市场。

对于低频交易成本度量方法，在基于Roll价格模型得到的有效价差估计中，利用收盘价得到的Roll估计和Roll-Gibbs估计的均值均大于基于价格极差得到的 High – Low 相关估计（HL、HL1 – HL5、GMM1、GMM2、MLE）。其中 Roll 估计的均值为 0.0031，中位数为 0，说明 Roll 估计右偏严重，这是因为在实际计算 Roll 估计时样本自协方差函数为正值导致很多估计结果为 0。Roll – Gibbs 估计的均值为 0.0055，中位数为 0.0047，均大于高频指标的对应数值，说明针对中国股票市场得到的 Roll 模型的贝叶斯估计可能并不精确，但其是否适用于中国市场需要进一步考察该估计与高频基准价差间的估计误差和相关系数。而与 Roll – Gibbs 估计相反的是，在基于价格极值得到的有效价差估计中，除 HL5 之外，其余估计的均值和中位数均小于高频指标的对应的描述性统计量。基于 LOT 模型得到的估计结果在前几章中已经做过相应的分析，这里不再重复。可以看出，基于 LOT 模型得到的估计结果均大于基于 Roll 模型得到的结果，这也印证了 LOT 模型不同于 RolL 模型，可以得到完整的交易成本。

对于 Amihud、Amivest 和 Turnover 等低频价格响应度量方法，由于它们不是衡量交易成本的直接指标，只是流动性的代理指标，数量级的差异很大，因此直接比较其与高频指标描述性统计量间的差距意义不大。

表 6 – 1　　　各低频流动性度量指标和高频基准价差的描述性统计

估计		平均值	标准差	中位数	最小值	最大值
低频流动性估计	Roll	3.1479	5.4384	0.0000	0.0000	54.8829
	Roll – Gibbs	5.4790	2.4950	4.7044	0.9555	20.1943
	HL	0.8680	2.2802	1.3952	0.0000	93.7600
	HL1	0.4832	1.2656	0.7280	0.0000	26.8030
	HL2	0.2159	1.0863	0.5902	0.0000	37.7050
	HL3	0.9367	2.8186	1.4738	0.0000	50.4920
	HL4	0.4020	0.9712	0.7548	0.0000	17.8734
	HL5	2.4101	3.0069	2.2749	0.0000	52.2032
	GMM1	0.3654	1.3718	0.7078	0.0000	94.3630
	GMM2	0.8521	2.3543	1.4089	0.0000	61.4110

续表

估计		平均值	标准差	中位数	最小值	最大值
低频流动性估计	MLE	0.3980	1.2030	0.4758	0.0000	40.8800
	LOT Y – split	2.5664	2.5745	2.0037	0.0000	81.7138
	LOT Mixed	10.7508	6.1049	9.8505	0.0000	104.8660
	LOT Bayes	2.4840	2.5436	1.9878	0.0000	81.6002
	LOT – t	1.7955	1.2307	1.5723	0.0000	12.8715
	LOT – GARCH	2.2711	2.1016	1.8152	0.0000	43.0167
	LOT – GARCH – t	1.6003	1.1263	1.3760	0.0000	14.6251
	FHT	1.9628	1.5620	1.6491	0.0000	31.6445
	FHT – t	1.5948	1.2610	1.3417	0.0000	25.7841
	FHT – GARCH	2.0446	1.7453	1.6802	0.0000	26.5167
	FHT – GARCH – t	1.4800	1.0777	1.2750	0.0000	12.5114
	Amivest	955.2771	25975.6663	0.8451	0.0011	1896541.4565
	Amihud	0.0280	0.1743	0.0040	0.0000	9.9238
	Turnover	5.1461	3.8941	4.1051	0.0216	31.1115
高频基准价差	报价价差（QS）	1.8318	1.2638	1.5657	0.2459	15.0915
	有效价差（ES）	1.7160	1.1044	1.4700	0.1992	13.7174
	已实现价差（RS）	0.8591	0.9590	0.8147	0.0000	11.2585

注：除 Amivest、Amihud、Turnover 外，其余变量均乘以 10^3，Amivest 指标乘以 10^{10}，Amihud 指标乘以 10^{-7}，Turnover 乘以 10^2。

6.4 低频流动性度量的比较分析

本章的比较研究基于与三种高频基准价差之间的误差和相关系数两种方式对低频度量进行比较和评价。在以往关于中国股票市场的低频流动性度量的比较研究中，考察的主要是低频方法与高频基准的相关系数，如张峥等（2013），而从误差的角度进行评价的研究较少。古恩考等（2009）的研究指出，交易策略、资产配置以及市场有效性等问题通常更需要流动性度量的准确性，因此这类研究选择的流动性度量更应该关注估计精度这一标准；而资产定价等问题的研究则更关注流动性度量与基准之间的相关性大小，而非估计的准确性。因此，对于不同的金融研究，关注的流动性度量的侧重点不同，评价标准也不同。根据不同的标准进行比较，可以给出不同类型的研究适用的流动性度量方法。

6.4.1　估计误差比较

估计误差是直观的衡量估计效果的标准之一。本节比较了各低频流动性度量与三种高频基准价差之间的估计误差，采用均方根误差（RMSE）和平均绝对误差（MAE）作为衡量误差大小的标准，计算方法如式（2.15）和式（2.16）。同样，由于 Amihud、Amivest 和 Turnover 不是衡量流动性的直接指标，不能和高频指标直接进行误差计算，因此本节的估计误差的比较中不考虑这三种低频价格响应的指标，后续进行相关性分析时再对这些指标的效果进行说明。

表 6 - 2、表 6 - 3、表 6 - 4 分别给出了以三种高频价差为基准时各低频流动性度量的估计误差。分析表 6 - 2、表 6 - 3、表 6 - 4 可以看出，各个指标的 MAE 和 RMSE 呈现的规律大致相同，数值上 MAE 比 RMSE 稍小。在前述的分析中，已经得到了 LOT Bayes 估计的 MAE 和 RMSE 要稍低于 LOT Y - split 估计的结论，并且在考虑了厚尾性和波动聚集性后得到的 LOT - GARCH - t 估计和 FHT - GARCH - t 估计相比原始的 LOT 估计和 FHT 估计具有更小的估计误差。比较基于 LOT 模型得到的估计与其他低频价差估计方法的结果发现，HL1、HL2、HL4、GMM1 和 MLE 的估计误差要稍小于 LOT Y - split 估计和 LOT Bayes 估计，但都高于第 5 章中提出的扩展模型的估计结果。LOT Mixed 估计的 RMSE 和 MAE 均显著高于其余指标，甚至会出现数量级的差异，是表现最差的低频估计。当高频基准为有效价差或已实现价差时，各低频指标的估计误差结果具有相似的结论，不管以哪种高频指标作为基准，第 5 章提出的 FHT - GARCH - t 估计都有最

高的估计精度，其次是 LOT – GARCH – t 估计。FHT – t 估计和 LOT – t 估计的 MAE 和 RMSE 稍高于这两种估计，但也明显优于其他估计方法，而 LOT Mixed 估计总有最大的估计误差。

表 6 – 2　　以报价价差为高频基准价差时的各低频指标的估计误差

估计	评价指标	7 年	2009 年	2010 年	2011 年	2012 年	2013 年	2014 年	2015 年
Roll	RMSE	5.1881	6.9013	5.4348	4.8995	5.4926	6.3224	5.1874	5.2096
	MAE	3.5647	4.5534	3.5533	3.3844	4.0627	4.2890	3.7034	3.6904
Roll – Gibbs	RMSE	4.7962	6.3976	5.2557	4.6485	4.3716	5.0017	4.8992	4.7645
	MAE	3.5832	4.0198	3.2931	3.2045	3.6642	3.4068	3.5731	3.4337
HL	RMSE	2.7111	2.9511	2.6627	2.7176	2.5935	2.8550	2.6054	2.1591
	MAE	1.9797	2.1877	2.1184	2.1404	2.0842	2.1813	2.0856	1.8704
HL1	RMSE	2.2661	2.3427	2.3151	2.2787	2.2653	2.2967	2.0990	1.9037
	MAE	1.8193	2.0126	1.9843	1.9654	1.9581	1.9473	1.9025	1.7354
HL2	RMSE	2.3718	2.6024	2.3794	2.3132	2.3076	2.3060	2.2745	2.2066
	MAE	1.9951	2.1357	2.0600	2.0312	2.0263	2.0234	1.9483	1.8559
HL3	RMSE	3.3213	3.7469	3.3402	2.9820	2.9292	3.0967	3.0051	3.3839
	MAE	2.3242	2.7249	2.3915	2.2890	2.2555	2.3101	2.2678	2.1476
HL4	RMSE	2.2328	2.2773	2.2769	2.2597	2.2420	2.2382	2.1988	1.8905
	MAE	1.8944	1.9952	1.9876	1.9778	1.9640	1.9445	1.9120	1.7709
HL5	RMSE	3.5693	3.2591	2.8722	2.9648	3.3119	4.9066	3.5021	3.6277
	MAE	2.2370	2.2602	2.1437	2.1511	2.5805	3.7427	2.6898	2.2656
GMM1	RMSE	2.3359	2.6569	2.4126	2.3871	2.3047	2.4577	2.2109	2.2781
	MAE	1.9513	2.1235	2.0413	2.0248	2.0016	1.9917	1.9793	1.7618
GMM2	RMSE	2.7558	3.4098	2.9167	2.6495	2.6264	2.7400	2.5998	2.6908
	MAE	2.0465	2.3672	2.1829	2.1088	2.0776	2.0854	2.0172	1.9202
MLE	RMSE	2.2959	2.5924	2.3564	2.3561	2.3252	2.3330	2.2807	2.2104
	MAE	1.8770	2.0791	1.9954	1.9902	1.9807	1.9979	1.9598	1.8045
LOT Y – split	RMSE	2.4371	1.2118	1.4159	1.9163	2.1318	3.3060	3.4690	2.6477
	MAE	1.2459	0.8356	0.8624	1.1215	1.3269	1.4464	1.8069	1.3293

续表

估计	评价指标	7 年	2009 年	2010 年	2011 年	2012 年	2013 年	2014 年	2015 年
LOT Mixed	RMSE	10. 6161	10. 8777	9. 6112	8. 5491	9. 9125	11. 1196	11. 8374	12. 0026
	MAE	8. 8429	9. 7478	8. 4657	7. 2823	8. 3376	9. 1284	9. 6615	9. 2959
LOT Bayes	RMSE	2. 4246	1. 1828	1. 4164	1. 9121	2. 1223	3. 3046	3. 4642	2. 6440
	MAE	1. 2449	0. 8130	0. 8635	1. 1154	1. 3130	1. 4462	1. 8039	1. 3419
LOT – t	RMSE	1. 0575	0. 9058	0. 8723	1. 1415	1. 2006	1. 0577	1. 0335	1. 1483
	MAE	0. 7577	0. 6788	0. 6427	0. 7411	0. 8465	0. 7941	0. 7466	0. 8558
LOT – G ARCH	RMSE	1. 9423	1. 0667	1. 2809	1. 9309	1. 9770	1. 8706	3. 0615	1. 7330
	MAE	1. 0099	0. 7629	0. 7516	0. 9996	1. 1676	1. 0747	1. 3708	0. 9250
LOT – G ARCH – t	RMSE	1. 0250	0. 9130	0. 8841	1. 1677	1. 2580	1. 0162	0. 9240	0. 9367
	MAE	0. 7287	0. 6830	0. 6461	0. 7590	0. 8935	0. 7707	0. 6695	0. 6688
FHT	RMSE	1. 3231	0. 9361	0. 9285	1. 2123	1. 2900	1. 5049	1. 6665	1. 5343
	MAE	0. 8514	0. 7000	0. 6729	0. 7967	0. 9160	0. 8886	1. 0265	0. 9618
FHT – t	RMSE	1. 1767	0. 9299	0. 9350	1. 2211	1. 3145	1. 2309	1. 2646	1. 2743
	MAE	0. 7855	0. 6910	0. 6854	0. 8000	0. 9361	0. 7603	0. 7919	0. 8340
FHT – G ARCH	RMSE	1. 6305	1. 1309	1. 1622	1. 3985	1. 5073	1. 5757	2. 2509	2. 0587
	MAE	0. 9267	0. 7635	0. 7333	0. 8831	1. 0112	0. 9911	1. 1889	0. 9188
FHT – G ARCH – t	RMSE	1. 0338	0. 9325	0. 9108	1. 1966	1. 3113	0. 9352	0. 8675	1. 0000
	MAE	0. 7389	0. 6954	0. 6685	0. 7834	0. 9393	0. 6972	0. 6343	0. 7527

注：表中的 RMSE 和 MAE 均已乘以 10^3。

表 6 – 3　　以有效价差为高频基准价差时的各低频指标的估计误差

估计	评价指标	7 年	2009 年	2010 年	2011 年	2012 年	2013 年	2014 年	2015 年
Roll	RMSE	5. 4852	6. 9260	5. 4499	4. 8831	5. 4858	6. 3481	5. 3892	5. 3792
	MAE	3. 7887	4. 5191	3. 5533	3. 3102	3. 9899	4. 2603	3. 8105	3. 7034
Roll – Gibbs	RMSE	5. 3837	6. 3345	5. 2614	4. 7319	4. 4899	5. 0908	5. 1105	5. 4012
	MAE	3. 6928	3. 7202	3. 4009	3. 2948	3. 5927	4. 0048	3. 7638	3. 7230
HL	RMSE	2. 6287	2. 8821	2. 5892	2. 6477	2. 5129	2. 7987	2. 5783	2. 5642
	MAE	1. 9939	2. 0958	2. 0295	2. 0519	1. 9924	2. 1044	1. 9943	1. 9804

估计	评价指标	7 年	2009 年	2010 年	2011 年	2012 年	2013 年	2014 年	2015 年
HL1	RMSE	2.1383	2.2225	2.1955	2.1558	2.1416	2.1848	2.0970	2.1289
	MAE	1.8186	1.9017	1.8751	1.8556	1.8487	1.8459	1.8011	1.8064
HL2	RMSE	2.3447	2.4906	2.2455	2.1714	2.1681	2.1678	2.0067	2.1099
	MAE	1.8870	2.0207	1.9389	1.9083	1.9057	1.9020	1.8428	1.8712
HL3	RMSE	3.0667	3.2981	3.2718	2.8967	2.8458	3.0202	2.7889	2.9024
	MAE	2.2289	2.6291	2.2864	2.1818	2.1503	2.2066	2.0713	2.1901
HL4	RMSE	2.0937	2.1423	2.1425	2.1230	2.1070	2.1079	2.0954	2.0815
	MAE	1.8081	1.8778	1.8703	1.8602	1.8479	1.8326	1.8071	1.7965
HL5	RMSE	3.4701	3.2950	2.9184	3.0071	3.3551	4.9741	3.2178	3.2450
	MAE	2.2987	2.2560	2.1513	2.1444	2.5982	3.7638	2.3240	2.3301
GMM1	RMSE	2.2035	2.5536	2.2883	2.2560	2.1752	2.3393	2.2056	2.1908
	MAE	1.8449	2.0125	1.9251	1.9051	1.8859	1.8778	1.8405	1.8217
GMM2	RMSE	2.5579	3.3535	2.8414	2.5567	2.5403	2.6595	2.5021	2.4965
	MAE	1.9518	2.2754	2.0857	2.0073	1.9824	1.9904	1.9246	1.9002
MLE	RMSE	2.1601	2.4856	2.2259	2.2236	2.1957	2.2033	2.2079	2.1209
	MAE	1.8186	1.9656	1.8754	1.8685	1.8622	1.8607	1.8231	1.7822
LOT Y – split	RMSE	2.4459	1.2070	1.3995	1.8797	2.1279	3.3156	3.5291	2.6545
	MAE	1.2424	0.8247	0.8402	1.0934	1.3088	1.4494	1.8657	1.3232
LOT Mixed	RMSE	10.7188	10.9715	9.7059	8.6486	10.0559	11.1996	11.9727	12.0812
	MAE	8.9682	9.8519	8.5770	7.4099	8.5101	9.2319	9.8231	9.3919
LOT Bayes	RMSE	2.4230	1.1798	1.3893	1.8746	2.1170	3.3139	3.5333	2.6500
	MAE	1.2410	0.8045	0.8408	1.0862	1.2929	1.4489	1.8611	1.3256
LOT – t	RMSE	0.9755	0.8483	0.7859	0.9962	1.0434	1.0083	1.0096	1.1015
	MAE	0.7069	0.6417	0.5891	0.6673	0.7458	0.7564	0.7288	0.8221
LOT – G ARCH	RMSE	1.9321	1.0423	1.2485	1.8797	1.9409	1.8667	3.1042	1.7177
	MAE	0.9897	0.7417	0.7192	0.9534	1.1210	1.0638	1.4101	0.9024
LOT – G ARCH – t	RMSE	0.9122	0.8318	0.7796	1.0076	1.0786	0.9443	0.8471	0.8582
	MAE	0.6582	0.6289	0.5793	0.6697	0.7701	0.7165	0.6184	0.6177

续表

估计	评价指标	7 年	2009 年	2010 年	2011 年	2012 年	2013 年	2014 年	2015 年
FHT	RMSE	1.2798	0.8883	0.8571	1.0922	1.1780	1.4871	1.6959	1.5132
	MAE	0.8149	0.6668	0.6275	0.7307	0.8403	0.8656	1.0423	0.9346
FHT - t	RMSE	1.0820	0.8363	0.8266	1.0608	1.1395	1.1737	1.2396	1.2163
	MAE	0.7138	0.6270	0.6099	0.7050	0.8135	0.7059	0.7547	0.7811
FHT - G ARCH	RMSE	1.6058	1.1029	1.1179	1.3127	1.4288	1.5671	2.2905	2.0386
	MAE	0.8967	0.7367	0.6962	0.8275	0.9464	0.9770	1.2151	0.8817
FHT - G ARCH - t	RMSE	0.9068	0.8403	0.7974	1.0278	1.1206	0.8454	0.7734	0.8864
	MAE	0.6582	0.6316	0.5916	0.6845	0.8075	0.6380	0.5733	0.6802

注：表中的 RMSE 和 MAE 均已乘以 10^3。

表 6 - 4　以已实现价差为高频基准价差时的各低频指标的估计误差

估计	评价指标	7 年	2009 年	2010 年	2011 年	2012 年	2013 年	2014 年	2015 年
Roll	RMSE	5.8283	7.2636	5.6878	5.0233	5.6403	6.6384	5.8763	5.7634
	MAE	3.4101	4.1871	3.1559	2.9629	3.6903	4.0552	3.4584	3.3798
Roll - Gibbs	RMSE	5.2177	6.5727	5.5351	4.7074	5.2382	5.8331	5.2304	5.1732
	MAE	3.9121	5.5642	3.1967	2.8298	3.7968	4.3410	3.8392	3.8209
HL	RMSE	2.3904	2.6249	2.3187	2.4825	2.6902	2.6868	2.4732	2.3421
	MAE	1.3139	1.3607	1.2938	1.4654	1.6990	1.6994	1.3761	1.3117
HL1	RMSE	1.6205	1.5491	1.5083	1.6691	2.2775	1.7633	1.6781	1.6058
	MAE	1.0272	0.9932	0.9475	1.1096	1.4886	1.2891	1.1099	0.9986
HL2	RMSE	1.8264	1.9160	1.3756	1.5152	2.2712	1.5524	1.7202	1.8209
	MAE	1.0351	1.0739	0.8812	1.0418	1.4971	1.2082	1.1217	0.9921
HL3	RMSE	3.0536	4.0064	2.9918	2.6488	2.9846	2.7965	2.9894	3.0256
	MAE	1.5816	1.8432	1.3865	1.4512	1.7914	1.6284	1.4136	1.5578
HL4	RMSE	1.4863	1.3050	1.2736	1.5244	2.2219	1.5553	1.5893	1.4409
	MAE	0.9722	0.9012	0.8610	1.0482	1.4637	1.2060	1.0889	0.9804
HL5	RMSE	3.7348	3.5827	3.2933	3.3362	3.7682	5.5925	3.4550	3.6902
	MAE	2.6669	2.1661	2.2175	2.1395	2.8483	4.3154	2.2791	2.3466

续表

估计	评价指标	7 年	2009 年	2010 年	2011 年	2012 年	2013 年	2014 年	2015 年
GMM1	RMSE	1.6480	2.0298	1.5384	1.6938	2.2926	1.8569	1.7052	1.6301
	MAE	1.0073	1.0992	0.9244	1.0780	1.5046	1.2373	1.0878	0.9976
GMM2	RMSE	2.2402	3.1724	2.5456	2.2834	2.7264	2.4244	2.4323	2.1900
	MAE	1.2122	1.5365	1.2902	1.3380	1.7027	1.4804	1.1743	1.1208
MLE	RMSE	1.5853	1.9577	1.4198	1.6561	2.3209	1.6570	1.6780	1.5665
	MAE	0.9662	1.0399	0.8403	1.0218	1.4696	1.1853	1.0560	0.9240
LOT Y – split	RMSE	2.8304	1.7393	1.7361	2.1994	2.6048	3.6909	3.9728	3.0199
	MAE	1.6847	1.3093	1.1578	1.4476	1.7750	1.9523	2.4358	1.7242
LOT Mixed	RMSE	11.4571	11.8599	10.4255	9.3530	10.8823	11.9424	12.6282	12.7469
	MAE	9.7996	10.8043	9.3744	8.1994	9.4200	10.0816	10.5662	10.1677
LOT Bayes	RMSE	2.8220	1.6957	1.7317	2.1902	2.5887	3.6878	3.9749	3.0094
	MAE	1.6674	1.2774	1.1543	1.4370	1.7537	1.9492	2.4290	1.7173
LOT – t	RMSE	1.2579	1.2330	0.9594	1.0496	1.1692	1.3650	1.4598	1.4801
	MAE	0.9596	0.9693	0.7363	0.8047	0.9086	1.0464	1.1361	1.1211
LOT – G ARCH	RMSE	2.2763	1.5235	1.5269	2.1097	2.3079	2.2814	3.4791	2.1013
	MAE	1.3759	1.1598	0.9895	1.2343	1.4780	1.4923	1.9380	1.3292
LOT – G ARCH – t	RMSE	1.0464	1.0380	0.8029	0.9306	1.0367	1.1478	1.1710	1.1651
	MAE	0.7880	0.7930	0.6124	0.6877	0.7853	0.8577	0.9039	0.8945
FHT	RMSE	1.6103	1.2941	1.0665	1.2314	1.4587	1.9016	2.1593	1.8561
	MAE	1.1215	1.0072	0.8011	0.9102	1.0983	1.2967	1.5192	1.2224
FHT – t	RMSE	1.2022	0.9442	0.7887	0.9435	1.0719	1.3977	1.5988	1.4391
	MAE	0.8095	0.7209	0.5810	0.6668	0.7901	0.8985	1.0840	0.9289
FHT – G ARCH	RMSE	1.9255	1.5142	1.3587	1.5238	1.7465	2.0189	2.7048	2.2578
	MAE	1.2149	1.0954	0.9085	1.0373	1.2282	1.4281	1.7046	1.1073
FHT – G ARCH – t	RMSE	0.9463	0.9558	0.7328	0.8634	0.9658	1.0231	1.0830	0.9611
	MAE	0.7073	0.7235	0.5557	0.6242	0.7240	0.7892	0.8315	0.7042

注：表中的 RMSE 和 MAE 均已乘以 10^3。

6.4.2　相关系数比较

估计误差反映了从数值上估计量对真实情况的度量效果；而相关系数则反映了估计量的变化趋势与真实情况的相似性。本节对低频流动性度量与三种高频基准价差之间的横截面相关系数进行比较。对于除 Amivest 和 Turnover 以外的低频度量方法，其与高频基准间的相关系数越高，说明低频度量的度量效果越好；而对于 Amivest 和 Turnover，由于这两个度量的取值越高说明流动性越强，与高频基准度量的流动性效果的方向相反，因此这两个指标与高频价差间的相关系数（负值）的绝对值越高，说明其度量效果越好。

表 6 − 5、表 6 − 6、表 6 − 7 分别给出了三种高频基准下的各低频流动性度量的相关系数结果。当报价价差作为高频基准价差时，无论单独考察每 1 年还是将 7 年综合比较，首先是 FHT − GARCH − t 的相关系数总是最高的，7 年综合相关系数为 0.6238，各年的结果位于 0.4161 ~ 0.7120 之间，其中 2014 年的相关系数最高，为 0.7120；2015 年的相关系数最低，为 0.4161。其次是 LOT − GARCH − t 估计，7 年综合的相关系数为 0.6112，各年的结果在 0.4143 ~ 0.6818 之间，同样，最高的年份为 2014 年，最低的年份为 2015 年。此外，LOT − t 估计的 7 年综合相关系数也接近 0.6，达到了 0.5890。其他具有较高的相关系数的估计还有 FHT − t 估计、FHT 估计，7 年综合的相关系数分别为 0.5455 和 0.5443。FHT − GARCH 估计、Amihud 指标和 LOT Bayes 估计、LOT − GARCH 估计、LOT Y − split 也有较高的相关系数，7 年综合相关系数分别为 0.4949、0.4207、0.4188、0.4172 和 0.4031。而基于 Roll 模型的 Roll、Roll − Gibbs 和 High − Low 系列估计的相关性表现均不理想，只有 HL5 表现相对较好，其在 2011 年的相关系数最高，为 0.5102；在 2009 年最低，为 0.2867。说明基于 Roll 价格模型得到各种低频度量（除 HL5 外）在揭示中国股票市场流动性的动态变化规

律方面不如基于 LOT 模型的度量方法，其适用性较差。如果在金融研究中关注的是低频指标与高频指标间的相关性大小，对于中国股票市场而言 Roll、Roll – Gibbs 以及 High – Low 系列估计（HL5 除外）则不是一个理想的选择。

当以有效价差和已实现价差作为基准时，各低频指标的流动性度量比较结果与报价价差具有类似的结论。不论基准价差是有效价差还是已实现价差，FHT – GARCH – t 都拥有最高的相关系数，其次是 LOT – GARCH – t 估计、LOT – t 估计、FHT – t 估计和 FHT 估计，之后是 FHT – GARCH 估计、LOT – GARCH 估计、LOT Y – split 估计和 LOT Bayes 估计。与报价价差为基准时不同，此时 Amihud 指标的相关系数要低于 LOT Y – split 估计，其余低频估计的相关性表现都不太理想。综上所述，不管是基于哪一种高频基准指标，本书第 5 章提出的基于 LOT 模型的几种扩展度量方法的相关系数都明显高于其他方法。

与张峥等（2013）得到的 Amihud 指标与高频基准价差间的相关系数最高的结论不同，这里计算得到的 Amihud 的相关系数不如几种 LOT 模型扩展方法的相关系数高。而在流动性实证研究中同样应用十分广泛的 Turnover 指标，其相关系数的绝对值低于 Amihud 指标。此外，在第 2 章中被论证由于使用了错误的似然函数计算方法而度量效果不理想的 LOT Mixed 估计在某些年份具有与 Turnover 相似的相关系数。尽管低于 LOT 和 FHT 的相关方法和 Amihud 指标，但仍然明显高于 Roll、Roll – Gibbs 和 High – Low（HL5 除外）等估计。说明 LOT Mixed 估计虽被证明不具有相合性，在度量时会出现很大的估计偏差，但是从相关系数的角度来看，LOT Mixed 估计能够达到与 Turnover 相似的效果，并且其表现优于基于 Roll 模型的估计方法。这表明，虽然 LOT Mixed 无法保证估计精度，但在资产定价等更侧重流动性度量相关性的金融研究中，LOT Mixed 估计优于基于 Roll 模型的度量方法的选择。

表 6 - 5 　　　　　各低频指标与报价基准价差的横截面相关系数

估计	7 年	2009 年	2010 年	2011 年	2012 年	2013 年	2014 年	2015 年
Roll	0.0630 (0.0102)	0.0456 (0.1011)	0.0545 (0.0497)	-0.0177 (0.5255)	-0.0621 (0.0253)	0.0310 (0.2648)	0.0527 (0.0510)	0.0679 (0.0074)
Roll - Gibbs	0.2251 (0.0000)	0.1706 (0.0000)	0.2449 (0.0000)	0.2604 (0.0000)	0.2137 (0.0000)	0.2798 (0.0000)	0.2331 (0.0000)	0.2422 (0.0000)
HL	0.2558 (0.0000)	0.1359 (0.0000)	0.2571 (0.0000)	0.3195 (0.0000)	0.1700 (0.0000)	0.1487 (0.0000)	0.1988 (0.0000)	0.2739 (0.0000)
HL1	0.2331 (0.0000)	0.1347 (0.0000)	0.2149 (0.0000)	0.2509 (0.0000)	0.1686 (0.0000)	0.1447 (0.0000)	0.1872 (0.0000)	0.2576 (0.0000)
HL2	0.0738 (0.0000)	0.0707 (0.0109)	0.0705 (0.0111)	0.1086 (0.0000)	0.0472 (0.0892)	0.0635 (0.0222)	0.0854 (0.0222)	0.0764 (0.0000)
HL3	0.0883 (0.0000)	0.0476 (0.0870)	0.1251 (0.0000)	0.1288 (0.0000)	0.0443 (0.0908)	0.1190 (0.0000)	0.1239 (0.0000)	0.1132 (0.0000)
HL4	0.1579 (0.0000)	0.1216 (0.0000)	0.1373 (0.0000)	0.1404 (0.0000)	0.1098 (0.0000)	0.1279 (0.0000)	0.1390 (0.0000)	0.1655 (0.0000)
HL5	0.3985 (0.0000)	0.2867 (0.0000)	0.4106 (0.0000)	0.5102 (0.0000)	0.3168 (0.0000)	0.3871 (0.0000)	0.3965 (0.0000)	0.4087 (0.0000)
GMM1	0.0703 (0.0000)	0.0561 (0.0114)	0.0931 (0.0002)	0.0503 (0.0703)	0.0815 (0.0033)	0.0794 (0.0072)	0.0812 (0.0072)	0.0822 (0.0000)
GMM2	0.1064 (0.0000)	0.0776 (0.0007)	0.1145 (0.0000)	0.0732 (0.0228)	0.0697 (0.0137)	0.0836 (0.0010)	0.0863 (0.0010)	0.1104 (0.0000)
MLE	0.1102 (0.0000)	0.0959 (0.0000)	0.1276 (0.0000)	0.1022 (0.0000)	0.0943 (0.0005)	0.0986 (0.0000)	0.1100 (0.0000)	0.1277 (0.0000)
LOT Y - split	0.4031 (0.0000)	0.5839 (0.0000)	0.4033 (0.0000)	0.3456 (0.0000)	0.4640 (0.0000)	0.3687 (0.0000)	0.4869 (0.0000)	0.2600 (0.0000)
LOT Mixed	0.2521 (0.0000)	0.2919 (0.0000)	0.1586 (0.0000)	0.2406 (0.0000)	0.3651 (0.0000)	0.2627 (0.0000)	0.3894 (0.0000)	0.1041 (0.0000)
LOT Bayes	0.4188 (0.0000)	0.6126 (0.0000)	0.4021 (0.0000)	0.3444 (0.0000)	0.4639 (0.0000)	0.3696 (0.0000)	0.4842 (0.0000)	0.2907 (0.0000)

估计	7 年	2009 年	2010 年	2011 年	2012 年	2013 年	2014 年	2015 年
LOT – t	0.5890 (0.0000)	0.6363 (0.0000)	0.5592 (0.0000)	0.5203 (0.0000)	0.6319 (0.0000)	0.6177 (0.0000)	0.6964 (0.0000)	0.3869 (0.0000)
LOT – GARCH	0.4172 (0.0000)	0.6043 (0.0000)	0.4198 (0.0000)	0.3168 (0.0000)	0.4526 (0.0000)	0.4597 (0.0000)	0.3928 (0.0000)	0.3050 (0.0000)
LOT – GARCH – t	0.6112 (0.0000)	0.6565 (0.0000)	0.5799 (0.0000)	0.5344 (0.0000)	0.6380 (0.0000)	0.6318 (0.0000)	0.6818 (0.0000)	0.4143 (0.0000)
FHT	0.5443 (0.0000)	0.6433 (0.0000)	0.5333 (0.0000)	0.4974 (0.0000)	0.5961 (0.0000)	0.5719 (0.0000)	0.6220 (0.0000)	0.3740 (0.0000)
FHT – t	0.5455 (0.0000)	0.6434 (0.0000)	0.5334 (0.0000)	0.4975 (0.0000)	0.5963 (0.0000)	0.5721 (0.0000)	0.6221 (0.0000)	0.3741 (0.0000)
FHT – GARCH	0.4949 (0.0000)	0.5858 (0.0000)	0.4547 (0.0000)	0.4706 (0.0000)	0.5407 (0.0000)	0.5586 (0.0000)	0.5077 (0.0000)	0.3054 (0.0000)
FHT – GARCH – t	0.6238 (0.0000)	0.6557 (0.0000)	0.5740 (0.0000)	0.5383 (0.0000)	0.6306 (0.0000)	0.6773 (0.0000)	0.7120 (0.0000)	0.4161 (0.0000)
Amivest	– 0.0144 (0.1746)	– 0.3228 (0.0000)	– 0.0140 (0.6174)	– 0.0264 (0.3468)	– 0.3399 (0.0000)	– 0.3586 (0.0000)	– 0.3258 (0.0000)	0.2937 (0.0000)
Amihud	0.4207 (0.0000)	0.4043 (0.0000)	0.6214 (0.0000)	0.6269 (0.0000)	0.3898 (0.0000)	0.4376 (0.0000)	0.4583 (0.0000)	0.5552 (0.0000)
Turnover	– 0.3461 (0.0000)	– 0.3034 (0.0000)	– 0.3574 (0.0000)	– 0.3193 (0.0000)	– 0.2790 (0.0000)	– 0.3750 (0.0000)	– 0.3198 (0.0000)	– 0.2919 (0.0000)

注：表中相关系数下的数字为相关系数的显著性检验的 p 值。

表 6 – 6　　　各低频指标与有效基准价差的横截面相关系数

估计	7 年	2009 年	2010 年	2011 年	2012 年	2013 年	2014 年	2015 年
Roll	0.0612 (0.0076)	0.0538 (0.0528)	0.0689 (0.0131)	– 0.0035 (0.9004)	– 0.0383 (0.1679)	0.0322 (0.2464)	0.0678 (0.0170)	0.0705 (0.0069)
Roll – Gibbs	0.2060 (0.0000)	0.1580 (0.0000)	0.2476 (0.0000)	0.2710 (0.0000)	0.2190 (0.0000)	0.2925 (0.0000)	0.1873 (0.0000)	0.2236 (0.0000)
HL	0.2533 (0.0000)	0.1403 (0.0000)	0.2625 (0.0000)	0.3258 (0.0000)	0.1928 (0.0000)	0.1447 (0.0000)	0.2144 (0.0000)	0.2578 (0.0000)

续表

估计	7 年	2009 年	2010 年	2011 年	2012 年	2013 年	2014 年	2015 年
HL1	0.2351 (0.0000)	0.1435 (0.0000)	0.2123 (0.0000)	0.2609 (0.0000)	0.1826 (0.0000)	0.1534 (0.0000)	0.2006 (0.0000)	0.2590 (0.0000)
HL2	0.0734 (0.0000)	0.0655 (0.0083)	0.0627 (0.0240)	0.1057 (0.0000)	0.0589 (0.0617)	0.0639 (0.0214)	0.0831 (0.0000)	0.0798 (0.0000)
HL3	0.0899 (0.0000)	0.0501 (0.0217)	0.1182 (0.0000)	0.1254 (0.0000)	0.0684 (0.0366)	0.1047 (0.0000)	0.0889 (0.0000)	0.1042 (0.0000)
HL4	0.1601 (0.0000)	0.1294 (0.0000)	0.1419 (0.0000)	0.1391 (0.0000)	0.1177 (0.0000)	0.1254 (0.0000)	0.1573 (0.0000)	0.1855 (0.0000)
HL5	0.3934 (0.0000)	0.2743 (0.0000)	0.4076 (0.0000)	0.5162 (0.0000)	0.3124 (0.0000)	0.3936 (0.0000)	0.4132 (0.0000)	0.4061 (0.0000)
GMM1	0.0750 (0.0000)	0.0557 (0.0179)	0.1027 (0.0000)	0.0529 (0.0569)	0.0872 (0.0017)	0.0804 (0.0016)	0.0809 (0.0000)	0.0796 (0.0000)
GMM2	0.1075 (0.0000)	0.0746 (0.0012)	0.1231 (0.0000)	0.0757 (0.0103)	0.0707 (0.0081)	0.0903 (0.0007)	0.0875 (0.0000)	0.1176 (0.0000)
MLE	0.1143 (0.0000)	0.0934 (0.0000)	0.1345 (0.0000)	0.1017 (0.0002)	0.0992 (0.0000)	0.1002 (0.0000)	0.1224 (0.0000)	0.1210 (0.0000)
LOT Y – split	0.4314 (0.0000)	0.6051 (0.0000)	0.4358 (0.0000)	0.3822 (0.0000)	0.5005 (0.0000)	0.3944 (0.0000)	0.5275 (0.0000)	0.3029 (0.0000)
LOT Mixed	0.2703 (0.0000)	0.3024 (0.0000)	0.1724 (0.0000)	0.2655 (0.0000)	0.3833 (0.0000)	0.2820 (0.0000)	0.4167 (0.0000)	0.1279 (0.0000)
LOT Bayes	0.4459 (0.0000)	0.6338 (0.0000)	0.4344 (0.0000)	0.3806 (0.0000)	0.4998 (0.0000)	0.3953 (0.0000)	0.5251 (0.0000)	0.5652 (0.0000)
LOT – t	0.6301 (0.0000)	0.6609 (0.0000)	0.5991 (0.0000)	0.5667 (0.0000)	0.6787 (0.0000)	0.6569 (0.0000)	0.7567 (0.0000)	0.4479 (0.0000)
LOT – GARCH	0.4444 (0.0000)	0.6264 (0.0000)	0.4502 (0.0000)	0.3479 (0.0000)	0.4881 (0.0000)	0.4909 (0.0000)	0.4209 (0.0000)	0.3500 (0.0000)
LOT – GARCH – t	0.6510 (0.0000)	0.6793 (0.0000)	0.6160 (0.0000)	0.5793 (0.0000)	0.6846 (0.0000)	0.6677 (0.0000)	0.7358 (0.0000)	0.4712 (0.0000)

估计	7 年	2009 年	2010 年	2011 年	2012 年	2013 年	2014 年	2015 年
FHT	0.5799 (0.0000)	0.6664 (0.0000)	0.5702 (0.0000)	0.5416 (0.0000)	0.6405 (0.0000)	0.6082 (0.0000)	0.6725 (0.0000)	0.4201 (0.0000)
FHT – t	0.5801 (0.0000)	0.6664 (0.0000)	0.5703 (0.0000)	0.5417 (0.0000)	0.6407 (0.0000)	0.6084 (0.0000)	0.6727 (0.0000)	0.4202 (0.0000)
FHT – GARCH	0.5148 (0.0000)	0.6056 (0.0000)	0.4863 (0.0000)	0.5111 (0.0000)	0.5810 (0.0000)	0.5943 (0.0000)	0.5441 (0.0000)	0.3038 (0.0000)
FHT – GARCH – t	0.6651 (0.0000)	0.6794 (0.0000)	0.6110 (0.0000)	0.5842 (0.0000)	0.6782 (0.0000)	0.7193 (0.0000)	0.7686 (0.0000)	0.4703 (0.0000)
Amivest	– 0.0130 (0.2205)	– 0.3191 (0.0000)	– 0.0089 (0.7516)	– 0.0260 (0.3548)	– 0.3371 (0.0000)	– 0.3475 (0.0000)	– 0.3014 (0.0000)	– 0.2944 (0.0000)
Amihud	0.4053 (0.0000)	0.3925 (0.0000)	0.6111 (0.0000)	0.6159 (0.0000)	0.3789 (0.0000)	0.4088 (0.0000)	0.3940 (0.0000)	0.5324 (0.0000)
Turnover	– 0.3396 (0.0000)	– 0.2935 (0.0000)	– 0.3557 (0.0000)	– 0.3242 (0.0000)	– 0.2846 (0.0000)	– 0.3724 (0.0000)	– 0.2976 (0.0000)	– 0.2758 (0.0000)

注：表中相关系数下的数字为相关系数的显著性检验的 p 值。

表 6 – 7　　各低频指标与已实现基准价差的横截面相关系数

估计	7 年	2009 年	2010 年	2011 年	2012 年	2013 年	2014 年	2015 年
Roll	0.0556 (0.0132)	0.0702 (0.0114)	0.0778 (0.0051)	0.0120 (0.6670)	– 0.0274 (0.3245)	0.0226 (0.4173)	0.0688 (0.0182)	0.0723 (0.0056)
Roll – Gibbs	0.2502 (0.0000)	0.1723 (0.0000)	0.2728 (0.0000)	0.2983 (0.0000)	0.2559 (0.0000)	0.3354 (0.0000)	0.2098 (0.0000)	0.2790 (0.0000)
HL	0.2426 (0.0000)	0.1670 (0.0000)	0.3082 (0.0000)	0.3683 (0.0000)	0.1958 (0.0000)	0.1496 (0.0000)	0.2275 (0.0000)	0.2537 (0.0000)
HL1	0.2188 (0.0000)	0.1696 (0.0000)	0.2540 (0.0000)	0.2944 (0.0000)	0.2036 (0.0000)	0.1817 (0.0000)	0.2397 (0.0000)	0.2302 (0.0000)
HL2	0.0968 (0.0000)	0.1002 (0.0000)	0.0781 (0.0000)	0.1146 (0.0000)	0.0714 (0.0101)	0.0646 (0.0201)	0.1078 (0.0000)	0.1076 (0.0000)

续表

估计	7年	2009年	2010年	2011年	2012年	2013年	2014年	2015年
HL3	0.1185 (0.0000)	0.0645 0.0203	0.1205 (0.0000)	0.1342 (0.0000)	0.1272 (0.0000)	0.1418 (0.0000)	0.1290 (0.0000)	0.1266 (0.0000)
HL4	0.1720 (0.0000)	0.1672 (0.0000)	0.1846 (0.0000)	0.1876 (0.0000)	0.1573 (0.0000)	0.1332 (0.0000)	0.1846 (0.0000)	0.1814 (0.0000)
HL5	0.3989 (0.0000)	0.2559 (0.0000)	0.4060 (0.0000)	0.5231 (0.0000)	0.2959 (0.0000)	0.3945 (0.0000)	0.4157 (0.0000)	0.4125 (0.0000)
GMM1	0.0929 (0.0000)	0.0779 (0.0051)	0.1063 (0.0000)	0.1050 (0.0000)	0.0954 (0.0006)	0.0726 (0.0104)	0.0999 (0.0000)	0.1078 (0.0000)
GMM2	0.1115 (0.0000)	0.0721 (0.0095)	0.1448 (0.0000)	0.1201 (0.0000)	0.0956 (0.0004)	0.1284 (0.0000)	0.1209 (0.0000)	0.1243 (0.0000)
MLE	0.1233 (0.0000)	0.1317 (0.0000)	0.1237 (0.0000)	0.1375 (0.0000)	0.1019 (0.0000)	0.1270 (0.0000)	0.1372 (0.0000)	0.1366 (0.0000)
LOT Y – split	0.4536 (0.0000)	0.6058 (0.0000)	0.4603 (0.0000)	0.4049 (0.0000)	0.4888 (0.0000)	0.4073 (0.0000)	0.5452 (0.0000)	0.3912 (0.0000)
LOT Mixed	0.2651 (0.0000)	0.2927 (0.0000)	0.1702 (0.0000)	0.2699 (0.0000)	0.3529 (0.0000)	0.2704 (0.0000)	0.4115 (0.0000)	0.2226 (0.0000)
LOT Bayes	0.4552 (0.0000)	0.6414 (0.0000)	0.4583 (0.0000)	0.4017 (0.0000)	0.4859 (0.0000)	0.4079 (0.0000)	0.5424 (0.0000)	0.4058 (0.0000)
LOT – t	0.6493 (0.0000)	0.6612 (0.0000)	0.6221 (0.0000)	0.5916 (0.0000)	0.6721 (0.0000)	0.6751 (0.0000)	0.7837 (0.0000)	0.5757 (0.0000)
LOT – GARCH	0.4599 (0.0000)	0.6286 (0.0000)	0.4673 (0.0000)	0.3643 (0.0000)	0.4769 (0.0000)	0.5053 (0.0000)	0.4256 (0.0000)	0.4096 (0.0000)
LOT – GARCH – t	0.6635 (0.0000)	0.6813 (0.0000)	0.6361 (0.0000)	0.6017 (0.0000)	0.6766 (0.0000)	0.6837 (0.0000)	0.7534 (0.0000)	0.5458 (0.0000)
FHT	0.5983 (0.0000)	0.6671 (0.0000)	0.5939 (0.0000)	0.5658 (0.0000)	0.6271 (0.0000)	0.6253 (0.0000)	0.6913 (0.0000)	0.4914 (0.0000)
FHT – t	0.5995 (0.0000)	0.6672 (0.0000)	0.5940 (0.0000)	0.5660 (0.0000)	0.6274 (0.0000)	0.6255 (0.0000)	0.6916 (0.0000)	0.4914 (0.0000)

续表

估计	7 年	2009 年	2010 年	2011 年	2012 年	2013 年	2014 年	2015 年
FHT – GARCH	0.5323 (0.0000)	0.6076 (0.0000)	0.5066 (0.0000)	0.5297 (0.0000)	0.5684 (0.0000)	0.6107 (0.0000)	0.5570 (0.0000)	0.3520 (0.0000)
FHT – GARCH – t	0.6840 (0.0000)	0.6806 (0.0000)	0.6333 (0.0000)	0.6086 (0.0000)	0.6712 (0.0000)	0.7421 (0.0000)	0.7865 (0.0000)	0.5485 (0.0000)
Amivest	− 0.0100 (0.3700)	− 0.2645 (0.0000)	− 0.0008 (0.9760)	− 0.0202 (0.4726)	− 0.2800 (0.0000)	− 0.2935 (0.0000)	− 0.2472 (0.0000)	− 0.1704 (0.0000)
Amihud	0.3450 (0.0000)	0.3750 (0.0000)	0.5933 (0.0000)	0.5999 (0.0000)	0.3565 (0.0000)	0.3681 (0.0000)	0.3600 (0.0000)	0.2646 (0.0000)
Turnover	− 0.3920 (0.0000)	− 0.3318 (0.0000)	− 0.3851 (0.0000)	− 0.3484 (0.0000)	− 0.3052 (0.0000)	− 0.4086 (0.0000)	− 0.3187 (0.0000)	− 0.2199 (0.0000)

注：表中相关系数下的数字为相关系数的显著性检验的 p 值。

6.5　本 章 总 结

自 1984 年罗尔提出了有效价差的协方差估计以来，关于流动性的低频度量方法有了非常多的研究成果，如何对这些流动性的低频度量方法进行综合考察，以及如何在这些低频度量中选择合适的方法进行金融研究一直是文献中关注的问题。本章就是针对包含文献中常用的流动性低频度量方法和本书提出的新的方法进行的比较研究，在不同的评价标准下寻找表现最优的度量方法，从而为中国股票市场不同类型的金融研究的流动性度量选择提供实证依据。

本章采用中国股票市场 2009 ~ 2015 年的交易数据，以报价价差、有效价差和已实现价差三个高频价差为基准，通过比较各低频度量与高频基准间的估计精度和相关系数，得到了以下结论。

第一，从描述性统计的结果来看，对比古恩考等（2009）对美国股票市场的流动性度量结果发现，中国股票市场作为新兴市场，其流动性比美国市场更强，交易更容易发生。同时，对比张峥等（2013）得到的 2009 年之前的中国市场的结果发现，近几年，中国股票市场的流动性有增强的趋势。

第二，不同于已有的中国市场的比较研究，本章的分析采用估计误差和相关系数两方面标准进行比较。综合估计精度和相关性比较两方面的结果可以得到，本书第 5 章提出的 FHT – GARCH – t 估计和 LOT – GARCH – t 估计具有最优的估计精度和最高的相关系数，说明这两种估计既适用于市场有效性、投资者交易策略等更侧重流动性度量精度的研究，也适用于资产定价等更侧重流动性度量与基准价差间相关性的研究。

第三，基于 Roll 模型得到的 Roll、Roll – Gibbs 估计以及 High – Low 系列估计中，Roll 和 Roll – Gibbs 估计在估计精度和相关性大小两方面的表现均不理想。High – Low 估计的估计精度较好，但在相关性方面除了 HL5 估计以外，其余 High – Low 估计的相关系数较低。这可能是因为 Roll 模型的基本假设与中国股票市场的实际情况相差较大，因此基于该模型得到的大部分估计在中国市场上的表现不够理想，对中国市场的适用性较差。

第四，在第 2 章中，我们已经论证得到，LOT Mixed 估计具有较高的估计误差，本章的估计精度的比较中也可以看到，LOT Mixed 估计的误差显著高于其他估计。而在相关性的比较中，LOT Mixed 的相关性结果虽不如 LOT Y – split 等估计，但优于 Roll 和 High – Low 的相关估计。这说明 LOT Mixed 估计虽然会造成很大的估计误差，不适用于对流动性度量精度要求较高的金融研究，但在更侧重流动性指标与基准价差间的相关性大小的研究中，LOT Mixed 估计是优于 Roll 相关估计和 High – Low 系列估计的选择。

本章的研究结合第 4 章和第 5 章提出基于 LOT 模型的新的交易成本度量方法，全面系统地比较了低频流动性度量在中国股票市场上的度量效果，是在张峥等（2013）和高扬（2015）的基础上，对于流动性低频度量方法在中国股票市场的适用性所进行的实证考察。结果显示，基于 LOT 模型的度量方法能够很好地衡量中国股票市场的流动性，其中 FHT – GARCH – t 估计和 LOT – GARCH – t 估计的度量效果优于其他度量方法，适用于中国市场的各类金融研究。

第 7 章

流动性因子的定价

7.1　引　　言

本章的研究与第 6 章的研究相同，都是对低频流动性度量方法进行的实证比较分析。不同于第 6 章研究关注低频流动性度量方法在实际进行流动性度量时的度量效果，本章的研究关注这些低频流动性指标在具体的金融实证研究中的应用效果。根据文献中得到的流动性是金融市场的定价因素的结论，本章将 LOT 模型得到的度量方法和 Amihud 指标应用在资产定价问题中，分析了这些度量方法对中国股票市场上的资产收益率的作用，并通过建立流动性因子，对流动性风险溢价进行了讨论。

资产的定价问题一直是微观金融研究领域的热点问题，其核心是分析风险和收益的关系，发现新的定价因素，从而对市场的有效性进行实证检验。对于普遍存在的具有广泛影响力的因素，资产对它的敏感程度越高，持有该资产的投资者就会获得越多的补偿，那么它就是资产的定价因素（Chordia et al. , 2000）。由于定价因素对资产的收益率具有一定的预测能力，是投资者进行投资决策时的重要依据之一，寻找新的定价因素一直是资产定价研究的热点问题，例如，法玛和弗伦奇（1993）提出的 Fama – French 三因子模型表明，市场风险溢价、市值和账面市值比是影响资产收益的定价因素；卡哈特（Carhart，1997）在三因子模型的基础上，新增了动量因子从而提出了四因子模型，并论证了动量也是影响资产收益的定价因素；等等。

　　流动性作为金融市场微观结构中的一个关键变量，研究其与资产收益的关系，分析资产流动性的高低是否会影响资产未来的收益率也一直是资本市场理论研究中所关注的问题。流动性作为资产收益的影响因素的观点最早由阿米胡德和门德尔松（1986）提出，他们通过分析买卖价差与收益率之间的相关关系，得到了买卖价差越大，收益率越高的结论，并由此说明了投资者持有流动性差的资产应该获得补偿，这个结论称为流动性溢价理论（liquidity premium theory）。此后，很多学者使用不同方法从不同角度对流动性和收益率之间的关系进行了研究，例如，布伦南和苏布拉马尼亚姆（Brennan & Subrahmanyam，1996）发现在控制了价格、市值、账面市值比之后，非流动性指标与收益率具有显著的正向关系；阿米胡德（2002）研究发现，流动性和股票的预期收益率之间的相关关系在控制了市值和动量后依然是显著的；吉布森和穆若（Gibson & Mougeot，2004）在市场层面上研究发现了类似的流动性和收益率的负向相关关系；等等。不同于上述利用相关关系研究流动性和收益之间的关系，刘（2006）仿照 Fama – French 三因子模型，利用流动性度量构造了流动性因子，并发现该因子对收益率具有三因子以外的解释能力；阿查里雅和佩德森（Acharya & Pedersen，2003）利用美国市场的数据构造了三种流动性风险溢价指标，并发现这三种风险溢价对股票收益率均具有显著作用；李（Lee，2011）对多个国家的市场进行了类似的研究，并发现各个国家的市场均存在显著的流动性风险；林等（Lin et al.，2011）用类似的方法对债券市场进行了分析，同样发现了显著的正向流动性风险溢价。

　　国内很多学者也对中国市场的流动性定价效果进行了研究，例如，王春峰等（2002）以 Amihud 指标作为流动性的度量指标，发现在横截面和时间序列上非流动性与股票收益之间都存在显著的正相关关系；苏冬蔚和麦元勋（2004）以换手率作为流动性指标，同样发现中国股市存在着显著的流动性溢价；孔东民（2006）用 Amihud 作为流动性指标，发现股市在上升和下降的不同时期，流动性的风险溢价具有不同的特征，但不管在哪个时期，流动性对资产收益都具有显著的影响；陈青和李子白（2008）采用类似刘（2006）的研究方法构建了流动性因子，发现在中国市场上，流动性因子对规模效应和账面市值比效应具有很好的解释能力。

综合上述文献发现，相当多的国内外研究都验证了流动性溢价理论，这些研究均表明，流动性是影响股票收益的一个重要因素。但是以往的大部分研究中，在选择流动性度量指标时大多选择 Amihud 指标、换手率、交易量这类流动性的代理指标。特别是在中国市场的研究中，流动性的度量通常是通过 Amihud 指标和换手率实现的。一方面是因为这些指标的计算较为简便，另一方面是因为其在美国等国外市场的研究中均有较好的适用性，因此国内市场的研究也大多沿用这些指标。而本书第 6 章中关于中国股票市场流动性低频度量指标的适用性的研究结果表明，尽管 Amihud 指标和换手率具有较高的和高频基准价差之间的相关系数，但其相关系数与 LOT 相关度量方法相比不具有优势。这说明在中国股票市场上，基于 LOT 模型的度量方法在资产定价等更关注度量指标相关性的研究中，相比 Amihud 指标和换手率等具有更好的适用性。在李一红和吴世农（2003）的流动性定价研究中，使用换手率和 Amihud 指标作为流动性度量得到了相反的研究结果。由此说明在进行流动性定价研究时，流动性度量方法的选择会影响最终的研究结果。使用 LOT 模型的相关度量方法对中国股票市场的资产定价问题进行研究是必要的。

本章将利用文献中常用的 Amihud 指标，以及 LOT Y – split 估计和第 5 章中提出的基于 LOT 模型的度量方法，对中国股票市场的流动性定价问题进行研究，对这些流动性度量方法在中国股票市场上的定价效果进行验证，从而讨论低频流动性度量方法的实际应用效果。

7.2 研 究 方 法

参照刘（2006）以及陈青和李子白（2008）的研究方法，本章的定价研究采用排序分析（sorting analysis）和法玛—麦克白斯回归分析（Fama – MacBeth regression analysis，Fama – MacBeth）研究流动性度量对资产收益率的作用。

7.2.1　排序分析

排序分析是常用的分析某个因素是否对资产收益率有显著影响的方法之一，使用排序分析可以从直观上考察市场中是否存在流动性补偿的现象，即流动性越差的资产具有越高的收益率。具体做法如下。

（1）在每一年的年初，将所有样本股票按照其去年的流动性估计结果进行排序，并按照去年流动性的强弱分为 10 组，以流动性指标估计结果最小的股票为第 1 组，以流动性指标估计结果最大的股票为第 10 组，从第 1 组到第 10 组流动性逐渐变差。

（2）计算各组的月度组合收益，本章的研究均采用等权平均的方法计算组合收益率。

（3）考察流动性最低的组（第 10 组）的月度组合收益与流动性最高的组（第 1 组）的月度组合收益是否存在显著差异，即对两组收益的差值序列进行均值是否为 0 的 t 检验。若流动性弱的组合收益显著高于流动性强的组合收益，则说明流动性对预期收益有显著的影响作用。由于收益率序列往往存在自相关性，因此本章的排序分析在进行 t 检验时，使用经纽维—韦斯特调整后的 t 统计量和 p 值进行 t 检验，调整的阶数（lag）为 4。

7.2.2　Fama – MacBeth 回归分析

排序分析可以验证某因素对资产的预期收益率是否有显著的影响作用，在此基础上，需进一步分析该因素对收益率的解释作用是否可以被已有的资产定价因素所解释。因此，类似刘（2006）的研究方法，在排序分析的基础上，进一步使用法玛和麦克白斯（Fama & MacBeth, 1973）的回归方法，研究流动性是否具有在已有风险因子之外的对收益率的解释作用。

我们仿照 Fama – French 三因子中账面市值比因子 HML 的构造方法，利用各种流动性度量的估计结果构造流动性因子，统一记为 LIQ。具体做法如下。

在每一年的年初，按照上一年的年末市值的大小将股票分为 2 组，分别记为 S（small）和 B（big）。在每一组内，按照流动性度量估计结果的大小再分为 3 组，分别记为 L（low）、M（median）、H（high），最终将样本分为 SL、SM、SH、BL、BM、BH 6 组。在每一组内对组内股票的月度超额收益进行等权平均，得到 6 组的组合月度超额收益。根据 SH、BH、SL、BL 4 组的组合月度超额收益，按照式（7.1）可以得到流动性因子 LIQ 为：

$$LIQ = \frac{(SH + BH) - (SL + BL)}{2} \tag{7.1}$$

其中，SH、BH、SL、BL 分别表示这 4 组的组合月度超额收益。使用不同的流动性度量方法进行排序可以构造不同的流动性因子，在下文中，我们将不同流动性度量方法构造的流动性因子统一记为 LIQ。

Fama – MacBeth 回归分析是一种包含两个阶段回归的分析方法，具体的做法如下。

（1）在每年 6 月份，按照上一年年末的流通市值将所有股票分为 5 组，并在每组内按照账面市值比将股票再分为 5 组，最终将样本股票分为 25 个组合，并计算组合的月度等权超额收益。

（2）第一阶段回归：时间序列回归。对第 i 个组合，i = 1，2，…，25，建立以下因子模型，得到 $\hat{\beta}_{i1}$，…，$\hat{\beta}_{ik}$：

$$R_{is} - r_f = \alpha_1 + \beta_{i1}f_{1s} + \cdots + \beta_{ik}f_{ks} + \varepsilon_{is} \tag{7.2}$$

其中，f_{1s}，…，f_{ks} 为 k 个因子，R_{is} 为第 i 个组合第 s 月的组合超额收益，s = t − 60，…，t − 1，即在每一个月，用每个组合的前 60 个月的数据进行本阶段的时间序列回归，r_f 表示无风险收益。

（3）第二阶段回归：横截面回归。在每一个时刻 t，用第一阶段估计

得到的 $\hat{\beta}_{i1}$，…，$\hat{\beta}_{ik}$ 建立如下横截面回归，得到 t 时刻每一个因子的风险溢价 $\hat{\gamma}_{0t}$，…，$\hat{\gamma}_{kt}$：

$$R_{it} - r_f = \gamma_0 + \gamma_1 \hat{\beta}_{i1} + \cdots + \gamma_k \hat{\beta}_{ik} + \eta_{it} \qquad (7.3)$$

（4）根据第二阶段得到的 $\{(\hat{\gamma}_{0t}，\cdots，\hat{\gamma}_{kt})\}_{t=1}^{T}$ 序列建立 t 检验，检验因子的风险溢价是否显著，并通过计算序列的均值最终得到风险溢价估计值 $\hat{\gamma}_0$，…，$\hat{\gamma}_k$。

在式（7.2）中，选择不同的因子模型对应不同的 f_{1s}，…，f_{ks}。在本章的研究中，我们选择 Fama – French 三因子模型，以及在三因子模型的基础上加入流动性因子 LIQ 得到的四因子模型进行上述的 Fama – MacBeth 两阶段回归。Fama – French 三因子模型为：

$$R_{it} - r_f = \alpha_i + \beta_{1i}MKT_t + \beta_{2i}SMB_t + \beta_{3i}HML_t + \varepsilon_{it} \qquad (7.4)$$

其中，MKT 表示市场溢酬因子，SMB 表示市值因子，HML 表示账面市值比因子。在此基础上建立引入流动性因子 LIQ 后的四因子模型为：

$$R_{it} - r_f = \alpha_i + \beta_{1i}MKT_t + \beta_{2i}SMB_t + \beta_{3i}HML_t + \beta_{4i}LIQ_t + \varepsilon_{it} \qquad (7.5)$$

若在加入流动性因子的四因子模型中，流动性因子 LIQ 的风险溢价显著不为零，就说明流动性因子对收益率具有不同于 Fama – French 三因子的解释作用。

7.3 实际数据分析

7.3.1 数据选取

与前述的实证研究不同，本章的研究不需要根据高频数据计算高频基准价差，因此可以对样本在更长的时间区间内进行分析。参考李延军和史笑迎（2016）关于时间区间选取的标准，本章将样本区间选为 2000 年 1 月 ~ 2015 年 12 月，这主要是考虑到在 2000 年之前中国股票市场的交易制度尚不完善，得到的结果可能无法正确地解释中国股票市场的特点。

以前几章的实证分析筛选得到的 1270 只股票为基础，我们进一步从锐思数据库获得了这些股票 1999 年 1 月~2015 年 12 月的一系列日度和月度数据，其中，日度数据包括个股日收益率、日成交金额、日市场收益率；月度数据包括个股月收益率 ret，月无风险收益率 r_f，月度 Fama – French 三因子数据 [市场溢酬因子（MKT），市值因子（SMB），账面市值比因子（HML）]，月末市值 Size 和账面市值比 BM 等。对样本股票的数据进行如下筛选步骤：

（1）由于被特别处理（special treatment，ST）的股票和特别转让（particular transfer，PT）的股票的交易状况和价格行为较为特殊，因此本章的研究剔除了在考察的时间区间内被特别处理或特别转让的股票；

（2）剔除年交易天数少于 110 天的样本；

（3）剔除月交易天数少于 10 天的样本。

最终保留 242440 个股票—月（stock-month）的样本数据。

对筛选后的数据，对每只股票，利用每年的日度数据计算本章的定价研究选择的流动性度量指标，包括：Amihud 指标、LOT Y – split 估计、LOT – t 估计、LOT – GARCH 估计、LOT – GARCH – t 估计、FHT 估计、FHT – t 估计、FHT – GARCH 估计、FHT – GARCH – t 估计。

7.3.2 描述性统计分析

表 7 – 1、表 7 – 2、表 7 – 3、表 7 – 4 展示了本章的研究中涉及的变量、流动性度量的描述性统计。表 7 – 1 和表 7 – 3 是研究中使用的各变量的描述性统计及其相关系数。从相关系数的结果可以看出，个股收益率 ret 与各流动性度量之间均存在正向的相关系数，这与文献中得到的流动性越差（流动性度量取值越大），收益率越高的结论相一致。

表 7 – 2 和表 7 – 4 给出了各因子的描述性统计和相关系数，包括 Fama – French 三因子模型中的三个因子，以及利用各流动性度量构造的流动性因子（表 7 – 2 和表 7 – 4 中各流动性度量的名称代表构造的流动性因子）。

表 7 - 1   各变量的描述性统计

变量	均值	标准差	中位数
ret	0.0188	0.1530	0.0069
Size	6.8041	41.1296	1.7430
BM	1.1733	1.5758	0.7720
Amihud	3.0305	110.6900	0.0103
LOT Y – split	2.4427	2.7446	2.0139
LOT – t	1.9671	1.4346	1.6749
LOT – GARCH	1.0862	7.6487	1.7955
LOT – GARCH – t	0.8111	6.6588	1.4766
FHT	2.0883	1.6579	1.7575
FHT – t	1.7005	1.3511	1.4308
FHT – GARCH	2.1385	1.8457	1.7690
FHT – GARCH – t	0.4635	8.3666	1.4242

注：其中，市值 Size 已乘以 10^{-9}，Amihud 指标已乘以 10^7，其他流动性度量已乘以 10^3。

表 7 - 2   Fama – French 三因子和各个流动性因子的描述性统计

因子	均值	标准差	最小值	下四分位数	中位数	上四分位数	最大值
MKT	0.9015	9.0710	– 31.0700	– 5.1500	0.8900	5.4400	127.7300
SMB	0.8077	4.5221	– 17.7200	– 1.5600	0.6900	2.9400	39.8600
HML	0.1644	3.8434	– 24.5000	– 1.7900	– 0.0500	2.0600	30.1000
Amihud	0.2906	5.7681	– 51.7023	– 1.4203	0.3554	2.6160	35.6837
LOT Y – split	0.3564	3.5075	– 10.2575	– 1.3564	0.0085	1.5048	33.6231
FHT	0.4173	3.5706	– 10.8214	– 1.2237	– 0.0497	1.5185	32.9318
LOT – t	0.4117	3.6317	– 11.4876	– 1.4480	– 0.0931	1.6428	33.8565
LOT – GARCH	0.4218	3.4610	– 9.4196	– 1.2290	0.0270	1.4506	32.9976
LOT – GARCH – t	0.4444	3.5301	– 9.4646	– 1.2369	0.0049	1.4771	33.3235
FHT – t	0.4176	3.5699	– 10.8214	– 1.2237	– 0.0497	1.5185	32.9318
FHT – GARCH	0.4139	3.5560	– 9.9314	– 1.3228	– 0.0272	1.6028	33.1340
FHT – GARCH – t	0.4586	3.5200	– 9.1240	– 1.1516	0.0048	1.6800	33.4103

注：表中所有数字均已乘以 100；表中各流动性度量的名称代表以该度量构造的流动性因子。

各变量间的相关系数

表7-3

变量	ret	Size	BM	Amihud	LOT Y-split	FHT	LOT-t	LOT-GARCH	LOT-GARCH-t	FHT-t	FHT-GARCH	FHT-GARCH-t
ret	1.0000											
Size	0.1104	1.0000										
BM	0.0530	-0.4259	1.0000									
Amihud	0.1265	-0.7716	0.2786	1.0000								
LOT Y-split	0.0022	-0.3054	0.1858	0.2861	1.0000							
FHT	0.0142	-0.3273	0.1902	0.3141	0.9648	1.0000						
LOT-t	0.0105	-0.3000	0.1872	0.2721	0.9574	0.9603	1.0000					
LOT-GARCH	0.0078	-0.3018	0.1779	0.2753	0.9540	0.9567	0.9441	1.0000				
LOT-GARCH-t	0.0087	-0.3102	0.1875	0.2847	0.9460	0.9665	0.9610	0.9649	1.0000			
FHT-t	0.0142	-0.3273	0.1902	0.3141	0.9648	0.9988	0.9603	0.9567	0.9665	1.0000		
FHT-GARCH	0.0176	-0.3238	0.1846	0.3086	0.9494	0.9719	0.9459	0.9625	0.9652	0.9719	1.0000	
FHT-GARCH-t	0.0268	-0.3062	0.1625	0.2994	0.9300	0.9579	0.9420	0.9478	0.9687	0.9579	0.9636	1.0000

表7-4　Fama-French三因子和各个流动性因子间的相关系数

因子	MKT	SMB	HML	Amihud	LOT Y-split	FHT	LOT-t	LOT-GARCH	LOT-GARCH-t	FHT-t	FHT-GARCH
SMB	0.2175	1.0000									
HML	0.0572	0.2594	1.0000								
Amihud	0.1121	0.2116	0.0899	1.0000							
LOT Y-split	0.0453	0.1484	0.2720	0.6051	1.0000						
FHT	0.0146	0.1632	0.3057	0.6020	0.9614	1.0000					
LOT-t	0.0053	0.1455	0.2932	0.5684	0.9550	0.9601	1.0000				
LOT-GARCH	0.0172	0.1605	0.2828	0.5960	0.9661	0.9710	0.9507	1.0000			
LOT-GARCH-t	0.0180	0.1571	0.2960	0.5805	0.9426	0.9721	0.9610	0.9578	1.0000		
FHT-t	0.0146	0.1632	0.3057	0.6020	0.9614	0.9999	0.9601	0.9710	0.9721	1.0000	
FHT-GARCH	0.0206	0.1423	0.3026	0.6011	0.9511	0.9824	0.9579	0.9622	0.9665	0.9824	1.0000
FHT-GARCH-t	0.0228	0.1696	0.2818	0.6048	0.9496	0.9721	0.9550	0.9472	0.9726	0.9721	0.9733

从表7-2和表7-4的结果可以看出，除 Amihud 指标外，基于其他流动性度量构造的流动性因子的描述性统计较为接近。各流动性因子之间的相关系数均较高，其中基于 LOT 模型的度量方法构造的流动性因子之间的相关系数在 0.95 以上。比较各流动性因子与 Fama - French 三因子发现，流动性因子和 Fama - French 三因子的描述性统计具有一定的差异性，同时流动性因子与 Fama - French 三因子之间虽存在正向的相关关系，但相关系数不高，其中最高的是流动性因子与账面市值比因子 HML 之间的相关系数，约为 0.3。这说明流动性因子中包含的信息与 Fama - French 三因子不完全重叠。

7.3.3　排序分析结果

表7-5 展示了用 Amihud、LOT Y - split 估计、LOT - t 估计、LOT - GARCH 估计、LOT - GARCH - t 估计、FHT 估计、FHT - t 估计、FHT - GARCH 估计、FHT - GARCH - t 估计9 种流动性度量方法作为标准对样本股票进行分组后，各组的组合月度收益率情况。可以看到，将样本股票按照流动性强弱分成10 组后，不管是以哪种流动性度量作为标准，均是组合的流动性越弱（从1 组~10 组），组合收益率越高。比较第10 组的收益率与第1 组的收益率的差异并进行 t 检验可以得到，第10 组的组合收益率均显著高于第1 组的组合收益率。这说明9 种流动性度量对收益率的预测均存在显著作用。

进一步比较不同流动性度量情形下第10 组与第1 组的收益率差异可以看出，FHT - GARCH - t 估计得到的组合收益率的差异的 p 值是最小的，其经过 Newey - West 调整后的 p 值为 0.0209，不经过调整的 p 值为 0.0075，均小于其他几种流动性度量，说明 FHT - GARCH - t 估计对收益率的影响最显著。仅次于 FHT - GARCH - t 估计的是 LOT - GARCH - t 估计，其经过 Newey - West 调整后以及不经过调整得到的 p 值分别为 0.0215 和 0.0075，与 FHT - GARCH - t 估计的结果非常接近。对于资产定价研究中常用的 Amihud 指标，其不经过 Newey - West 调整的 p 值高于除 LOT Y - split 估计

表 7 - 5　　按照各流动性度量分组进行排序分析的结果

分组变量	1	2	3	4	5	6	7	8	9	10	10 - 1	t 统计量	p 值	N - W t 统计量	N - W p 值
Amihud	1.0590	1.4026	1.5048	1.6887	1.7743	1.8637	2.0281	2.2185	2.5988	2.8196	1.7606	2.5153	0.0127	2.2993	0.0226
LOT Y - split	1.4415	1.5015	1.7455	1.7621	1.8006	1.8576	1.9297	1.8009	2.2023	2.9063	1.4648	2.3354	0.0206	2.0193	0.0449
LOT - t	1.3610	1.5549	1.6803	1.8031	1.8123	1.8390	1.9474	1.8010	2.1843	2.9727	1.6117	2.5777	0.0107	2.2296	0.0269
LOT - GARCH	1.3947	1.4740	1.6742	1.7746	1.8500	1.8469	1.9258	1.8658	2.1283	3.0228	1.6281	2.5916	0.0103	2.2231	0.0274
LOT - GARCH - t	1.3487	1.4934	1.7071	1.7715	1.8047	1.8277	1.9299	1.8378	2.1858	3.0460	1.6973	2.7003	0.0075	2.3176	0.0215
FHT	1.3762	1.5091	1.7382	1.7222	1.7996	1.8333	1.9511	1.8291	2.1862	3.0047	1.6284	2.5343	0.0121	2.1998	0.0290
FHT - t	1.3762	1.5091	1.7382	1.7222	1.7996	1.8333	1.9499	1.8308	2.1860	3.0042	1.6280	2.5349	0.0121	2.2002	0.0290
FHT - GARCH	1.3616	1.5034	1.7300	1.7603	1.7815	1.8267	1.9868	1.8469	2.1960	2.9669	1.6053	2.5643	0.0111	2.2020	0.0289
FHT - GARCH - t	1.3627	1.4818	1.7031	1.7218	1.7581	1.8780	1.9535	1.8579	2.1725	3.0824	1.7197	2.7027	0.0075	2.3285	0.0209

表中数据为按不同流动性度量指标对样本股票进行分组后，各组的组合月度收益率（%），第 10 组与第 1 组组合收益率的差值，收益率值序列调整的阶数为 lag =4。显著性检验的 t 统计量，p 值，以及经过 Newey - West 调整后的 t 统计量（表中的 N - W t 统计量）和 p 值（表中的 N - W p 值）。

以外的流动性度量方法，说明本书提出的流动性度量对收益率的影响作用相比常用的 Amihud 指标更为显著。若考察 Amihud 指标经过 Newey − West 调整后的 p 值，仍然有 FHT − GARCH − t 估计和 LOT − GARCH − t 估计具有比 Amihud 指标更强的显著性。这一结论表明，本书提出的新方法在资产定价研究中具有良好效果。

7.3.4　Fama − MacBeth 回归结果

在排序分析中，我们利用本章选择的 9 种流动性度量方法验证了存在流动性风险溢价这一现象的结论。在这一节中，我们进一步研究控制了其他因子的风险溢价后，流动性因子的风险溢价对超额收益率的作用是否仍然显著。若仍显著，则说明流动性因子对超额收益率具有已有的风险因子以外的解释能力。本节使用 Fama − MacBeth 两阶段回归法，利用 Fama − French 三因子模型，以及在 Fama − French 三因子模型的基础上加入了流动性因子 LIQ 后的四因子模型，对流动性的风险溢价的显著性进行分析，得到的结果如表 7 − 6 所示。

从表 7 − 6 中的结果可以看出，Fama − French 三因子模型中的截距项不显著，模型调整后的 R^2 为 0.3984，说明此模型对收益率具有较强的解释作用。模型中市场溢酬因子 MKT 和市值因子 SMB 的风险溢价是显著的，说明市场溢酬因子和市值因子对收益率有显著的解释作用。在加入了根据各流动性度量构造的流动性因子 LIQ 后，新模型的截距项仍然都是不显著的，说明得到的四因子模型同样对收益率有充分的解释作用。同时，不管以哪种流动性度量构造流动性因子，得到的模型的调整后的 R^2 均高于三因子模型，并且以 Amihud、LOT Y − split 估计、LOT − GARCH 估计、LOT − GARCH − t 估计、FHT − GARCH 估计、FHT − GARCH − t 估计构造的流动性因子得到的模型中的截距项的不显著性有所增强，说明这几种流动性度量构造的流动性因子被引入模型后能够进一步解释三因子不能解释的收益率信息。此外，各流动性因子的风险溢价都是显著的，说明在控制了三因子模型的风险溢价后，流动性因子仍然具有显著的风险溢价，可以作为一个新的因子加入资产定价模型中。

通过进一步比较各流动性因子的风险溢价的显著性发现，FHT - GARCH - t 估计得到的经过 Newey - West 调整后的 p 值最小，为 0.0101；其次是 FHT - GARCH 估计，为 0.0151；之后是 LOT - GARCH 估计、LOT - GARCH - t 估计，分别为 0.0153 和 0.0155；排在最后的是 Amihud 指标，为 0.0350。考察各模型截距项的显著性发现，LOT - GARCH 估计具有最不显著的截距项，其 p 值为 0.9437；其次是 LOT Y - split 估计，截距项的 p 值为 0.9320；之后是 LOT - GARCH - t 估计和 Amihud 指标，分别为 0.8877 和 0.8849。考察调整后的 R^2 发现，各种度量的结果非常接近，最高的是 LOT - GARCH - t 估计的 0.4076，其次是 LOT - GARCH 估计的 0.4072，之后是 FHT - GARCH - t 估计的 0.4067。

表 7 - 6 得到的结果显示，不同流动性度量得到的模型的结果之间的差异性不大，但总体而言，本书第 5 章提出的新的流动性度量方法的结果优于文献中常用的 Amihud 指标。

表 7 - 6　按照 size - BM 分 25 组投资组合的 Fama - MacBeth 回归结果

模型	估计结果	截距项	MKT	SMB	HML	LIQ	Adj R^2
三因子模型	$\hat{\gamma}$	0.0017	0.0167	0.0085	− 0.0012	—	0.3984
	t 统计量	0.1573	1.9423	2.4186	− 0.5081	—	
	p 值	0.8752	0.0538	0.0167	0.6121	—	
Amihud	$\hat{\gamma}$	0.0017	0.0160	0.0086	− 0.0015	0.0076	0.3998
	t 统计量	0.1450	1.7620	2.3967	− 0.6022	2.1251	
	p 值	0.8849	0.0799	0.0176	0.5478	0.0350	
LOT Y - split	$\hat{\gamma}$	0.0009	0.0172	0.0085	− 0.0012	0.0064	0.4054
	t 统计量	0.0855	2.0048	2.4354	− 0.4849	2.3922	
	p 值	0.9320	0.0466	0.0159	0.6284	0.0179	

续表

模型	估计结果	截距项	MKT	SMB	HML	LIQ	Adj R²
FHT	$\hat{\gamma}$	0.0017	0.0164	0.0085	−0.0013	0.0070	0.4055
	t 统计量	0.1582	1.9023	2.4237	−0.5222	2.4419	
	p 值	0.8745	0.0588	0.0164	0.6022	0.0157	
LOT − t	$\hat{\gamma}$	0.0021	0.0163	0.0086	−0.0012	0.0075	0.4062
	t 统计量	0.1950	1.9320	2.4383	−0.4754	2.4356	
	p 值	0.8456	0.0551	0.0158	0.6351	0.0159	
LOT − GARCH	$\hat{\gamma}$	0.0008	0.0173	0.0085	−0.0012	0.0064	0.4072
	t 统计量	0.0708	2.0039	2.4282	−0.5025	2.4494	
	p 值	0.9437	0.0467	0.0162	0.6160	0.0153	
LOT − GARCH − t	$\hat{\gamma}$	0.0015	0.0170	0.0084	−0.0012	0.0079	0.4076
	t 统计量	0.1414	1.9746	2.4094	−0.4954	2.4460	
	p 值	0.8877	0.0500	0.0171	0.6210	0.0155	
FHT − t	$\hat{\gamma}$	0.0018	0.0164	0.0085	−0.0013	0.0070	0.4055
	t 统计量	0.1583	1.9021	2.4235	−0.5221	2.4425	
	p 值	0.8744	0.0589	0.0164	0.6023	0.0156	
FHT − GARCH	$\hat{\gamma}$	0.0016	0.0167	0.0086	−0.0013	0.0077	0.4063
	t 统计量	0.1492	1.9321	2.4300	−0.5159	2.4553	
	p 值	0.8815	0.0550	0.0162	0.6066	0.0151	
FHT − GARCH − t	$\hat{\gamma}$	0.0017	0.0167	0.0085	−0.0012	0.0080	0.4067
	t 统计量	0.1573	1.9423	2.4186	−0.5081	2.6006	
	p 值	0.8753	0.0538	0.0167	0.6121	0.0101	

注：（1）表中第一列的各流动性度量的名称分别表示在三因子模型的基础上加入以该度量构造的流动性因子后得到的四因子模型；（2）MKT 表示市场溢酬因子、SMB 表示市值因子、HML 表示账面市值比因子；LIQ 表示流动性因子；（3）Adj R² 表示调整后的 R²；（4）$\hat{\gamma}$ 表示式（7.3）中的风险溢价的估计结果；（5）表中的 t 统计量和 p 值均为经过 Newey − West 调整后的 t 统计量和 p 值，调整的阶数 lag = 4。

7.4 本 章 总 结

本章的研究是在第 6 章研究的基础上，对流动性低频度量方法在资产定价这一具体的实证研究领域中的应用效果进行的考察。资产定价一直是微观金融研究领域的热点问题，其研究往往关注通过分析风险和收益的关系，发现新的风险要素。流动性一直是资产定价研究领域中的关键变量之一，研究其与资产收益的关系也一直是资本市场理论研究中所关注的问题。通过梳理相关文献发现，采用不同的流动性度量指标得到的结果有所区别，而国内外研究使用的大多是 Amihud 指标、换手率等流动性代理变量，使用交易成本维度的度量方法进行的资产定价研究较少。本章基于中国股票市场 2000 年 1 月 ~ 2015 年 12 月的数据，利用排序分析和 Fama – MacBeth 两阶段回归，对基于 LOT 模型得到的流动性度量方法对资产收益率的影响进行了分析，并将其影响作用与 Amihud 指标进行了比较，得到了以下结论。

第一，从排序分析的结果可以看出，不管是选择哪种流动性度量方法作为股票排序和分组的标准，得到的分组结果均显示，流动性度量取值越大的组合（流动性越弱）的收益率越高，且流动性度量最大的组（第 10 组）和流动性度量最小的组（第 1 组）之间具有显著的收益率的差别。这说明基于 LOT 模型得到的流动性度量方法对中国股票市场的股票的收益具有预测效果。

第二，Fama – MacBeth 两阶段回归的结果表明，在 Fama – French 三因子模型中引入流动性因子后，相比原始的三因子模型对收益率的解释作用有所增强。同时在控制了 Fama – French 三因子后仍然具有显著的流动性风险溢价，流动性因子具有 Fama – French 三因子以外的对超额收益率的解释作用。

第三，在分析过程中，我们共选择了包括 Amihud 指标、LOT Y – split

估计以及本书第 5 章提出的 LOT 模型的扩展度量方法在内的 9 种流动性度量。这些流动性度量方法均验证了流动性的定价作用，其中 FHT – GARCH – t 估计的风险溢价具有最小的 Newey – West 调整后的 p 值；LOT – GARCH 估计得到的模型的截距项最不显著；LOT – GARCH – t 估计的模型具有最高的调整后的 R^2。不管考察哪项显著性指标，结果均显示，本书提出的流动性度量方法的表现优于文献中常用的 Amihud 指标。

综合上述研究结果，结合排序分析和 Fama – MacBeth 两阶段回归两方面的结果可以看出，基于 LOT 模型提出的系列流动性度量是中国股票市场的定价因素，并且在控制了 Fama – French 三因子后，这些流动性度量构造的流动性因子仍然具有显著的风险溢价，将流动性因子引入定价模型后可以增强模型对超额收益率的解释作用。这个结果实证地展示了基于 LOT 模型的流动性低频度量方法在资产定价研究中具有的很好的应用价值，也为资产定价研究提供了新的流动性指标。

第 8 章

研究结论与展望

8.1 本书的主要结论

本书以金融市场流动性的 LOT 度量为研究对象，从计算方法、理论性质、估计方法、模型设置、实证应用等方面对其进行了系统细致的研究。在对原始的 LOT Y – split 估计的性质进行研究的同时，通过对其估计方法和模型设置进行改进，提出了新的交易成本的度量方法，并用中国股票市场的实际数据，验证了新方法的度量优势，以及在资产定价研究领域良好的应用效果，具有理论和实践意义。

在第 2 章和第 3 章中，本书对 LOT 模型似然函数的计算方法进行了研究，比较了文献中存在的两种 LOT 度量的极大似然估计——LOT Y – split 估计和 LOT Mixed 估计的估计效果，并从理论上证明了 LOT Y – split 估计的统计性质。在第 2 章中，我们利用数值模拟和实际数据分析，验证了文献中被广泛应用的 LOT Mixed 估计在计算似然函数时使用了错误的数据划分方式，得到的结果具有较大的误差，且不是相合的估计结果；而 LOT Y – split 估计满足极大似然估计的相合性，具有良好的估计效果。这一结论是对 LOT 估计做进一步研究的基础，具有十分重要的意义。在第 3 章中，我们从理论上对 LOT Y – split 估计的相合性进行了证明，进而证明了其渐近正态性。这两个统计性质表明，LOT Y – split 估计在大样本下具有很高的估计精度，也为进一步对 LOT Y – split 进行统计推断，尤其是从统计性质的角度对不同流动性低频度量进行比较提供了理论基础。

第 4 章和第 5 章从估计方法和模型设置两方面分别对原始的 LOT 度量进行了改进，提出了新的估计方法。第 4 章使用了贝叶斯估计方法对 LOT 度量进行了估计。不同于经典统计学中的参数估计方法，贝叶斯方法可以充分考虑数据中的信息和参数的检验信息，也已被证明对具有删失数据和潜变量的问题有良好的适用性。我们利用数据扩充方法对被删失的收益率数据进行补充，再结合 Gibbs 抽样，建立了 LOT 模型的贝叶斯估计算法。通过数值模拟发现，当数据中删失数据占比较高时，贝叶斯估计具有比 LOT Y – split 估计更好的估计效果。在第 5 章中，我们充分考虑了收益率数据的实际分布特征，将原始的 LOT 模型中的收益率假设扩展为服从厚尾分布和满足波动聚集性的情形，提出了三种扩展的 LOT 模型和三种扩展的 FHT 模型。通过实际数据的比较发现，扩展后的模型的估计结果都能在一定程度上增强 LOT Y – split 估计的估计效果，且相比波动聚集性，厚尾性对估计效果的提升起到了更重要的作用。

最后，本书讨论了基于 LOT 模型得到的一系列流动性低频度量方法在实际中的应用效果。流动性是衡量市场运行状态的核心变量，在资产定价、公司财务、市场有效性等方面的金融实证研究中也起着关键作用。使用 LOT 度量是否能够准确度量实际市场的流动性，以及其在具体的金融实证研究领域中是否具有良好的应用效果是值得讨论的问题。第 6 章结合以往文献中常用的低频流动性度量方法以及本书中提出的方法，利用中国股票市场的实际数据，比较了这些低频流动性度量的度量效果，结果表明，第 5 章提出的基于 t 分布的 GARCH 模型得到的 LOT – GARCH – t 估计和 FHT – GARCH – t 估计具有最小的估计误差和最高的与高频基准价差之间的相关系数，在考察的低频流动性度量中，是最适用于中国股票市场的流动性估计方法。第 7 章对各种度量方法的定价效果进行了研究，结果表明，基于 LOT 模型的 LOT Y – split 估计、FHT 估计，以及本书提出的新的度量方法都是中国股票市场的定价因素，在控制了 Fama - French 三因子后，各度量方法构造的流动性因子的风险溢价仍然是显著的。说明这些低频流动性度量方法对资产收益率具有显著的解释作用，并且具有 Fama - French 三因子以外的解释能力。这两章的实证研究表明，本书提出的流动性度量方法能够很好地度量中国股票市场的流动性，且在金融实证研究中有良好的应用性。

如何准确地刻画金融市场的流动性，对监控金融市场运行状态、衡量市场风险有着重要意义。本书对已有的流动性度量方法的性质进行了研究，并针对已有方法的不足提出了新的度量方法。从实际数据的结果可以看出，相比已有度量方法，新方法在中国股票市场中具有更好的度量效果和应用效果。这些结论为今后的理论研究奠定了基础，也为不同研究目的的金融实证分析的流动性指标选择提供了依据。

8.2　未来研究展望

经过几十年的发展，流动性的相关研究已经形成了较为成熟的理论体系。本书的研究在一定程度上对现有的流动性度量的理论和应用研究进行了补充，未来的研究中还可在以下方面做深入的探讨。

第一，在对不同低频流动性度量方法进行比较时，本书沿用了以往文献中的实证比较的思路，以高频数据计算得到的报价价差、有效价差和已实现价差作为基准，比较不同流动性低频度量方法与高频基准之间的估计误差和相关系数。如本书第 1 章所说，高频基准价差仅是真实的交易成本的估计值。在接下来的研究中，可对高频基准价差对真实的交易成本的估计效果进行分析。

第二，本书部分章节使用的对低频度量指标进行实证的比较方法存在较为依赖数据的选取的不足，若高频价差不是好的交易成本的真实值的基准，以其作为标准衡量不同低频度量方法可能存在偏差，更为严谨的比较方法是从理论上对不同低频度量方法的偏差、方差、渐近方差等进行比较。在第 3 章中，我们证明了 LOT Y – split 估计的统计性质，接下来的研究中可以进一步证明本书提出的新的度量方法的统计性质，并从理论上比较新方法和已有方法的度量效果。

第三，本书的第 5 章对 LOT 模型进行了扩展，使其能够充分考虑收益率波动的动态特征。但不管是原始的 LOT 模型还是本书提出的新的度量模型，其对交易成本的设置均是静态的，即假设交易成本是不随时间变化的常数。将交易成本设置为随时间变化的参数，可以在很大程度上提高估计的频率，从而更有效、更及时地对市场状况进行监测。目前，文献中对动态的交易成本的度量方法的研究还较少，接下来的研究中可对现有模型进行进一步扩展，从而得到交易成本的动态估计结果。

参 考 文 献

［1］陈辉．日间数据计算买卖价差的两种方法之比较与应用［J］．金融评论，2014（3）：80－90．

［2］陈青，李子白．我国流动性调整下的 CAPM 研究［J］．数量经济技术经济研究，2008，25（6）：66－78．

［3］高扬．金融市场有效价差的估计方法［D］．北京：北京大学，2015．

［4］高扬，王明进．两种买卖价差估计渐近性质的比较［J］．金融学季刊，2014，8（1）：34－56．

［5］高扬，王明进．有效价差的极大似然估计［J］．数量经济技术经济研究，2014（5）：133－150．

［6］孔东民．流动性风险与资产定价：来自中国股市的证据［J］．南方经济，2006（3）：91－107．

［7］李延军，史笑迎．收益率差异视角下我国股票流动性测度指标的比较研究［J］．金融发展研究，2016（11）：19－25．

［8］李一红，吴世农．中国股市流动性溢价的实证研究［J］．管理评论，2003，15（11）：34－42．

［9］苏冬蔚，麦元勋．流动性与资产定价：基于我国股市资产换手率与预期收益的实证研究［J］．经济研究，2004（2）：95－105．

［10］万孝园，杨朝军，吕大永．低频流动性指标优劣评估——基于中国股票市场的实证分析［J］．预测，2018（2）：50－55．

［11］王春峰，韩冬，蒋祥林．流动性与股票回报：基于上海股市的

实证研究 [J]. 经济管理，2002（24）：58 - 67.

[12] 王真真，严广乐. ARCH - M 模型在上证股价波动中的实证研究 [J]. 江苏商论，2009（2）：50 - 52.

[13] 吴新林. 沪深股市收益率的厚尾性分析 [J]. 湖北经济学院学报（人文社会科学版），2009（9）：34 - 36.

[14] 谢赤，张太原，曾志坚. 中国股票市场存在流动性溢价吗？——股票市场流动性对预期收益率影响的实证研究 [J]. 管理世界，2007（11）：36 - 47.

[15] 许爱霞. GARCH 模型对沪市行业指数的实证研究 [J]. 市场论坛，2006（3）：108 - 109.

[16] 曾慧. ARCH 模型对上证指数收益波动性的实证研究 [J]. 统计与决策，2005（3X）：97 - 98.

[17] 张峥，李怡宗，张玉龙，刘翔. 中国股市流动性间接指标的检验——基于买卖价差的实证分析 [J]. 经济学（季刊），2013，13（4）：233 - 262.

[18] 张玉龙，李怡宗. 资产定价中的市场流动性——流动性文献综述 [J]. 投资研究，2013（10）：3 - 17.

[19] 王超，高扬，刘超. 中国债券市场流动性度量方法的比较 [J]. 北京理工大学学报（社会科学版），2018，104（1）：76 - 86.

[20] Abdi, F., Ranaldo, A. A simple estimation of bid-ask spreads from daily close, high, and low prices [J]. The Review of Financial Studies, 2017, 30（12）：4437 - 4480.

[21] Acharya, V. V., Pedersen, L. H. Asset pricing with liquidity risk [J]. Journal of Financial Economics, 2005, 77（2）：375 - 410.

[22] Ahn, H. J., Cai, J., Yang, C. W. Which liquidity proxy measures liquidity best in emerging markets? [J]. Economies, 2018, 6（4）：67.

[23] Amemiya, T. Regression analysis when the dependent variable is truncated normal [J]. Econometrica：Journal of the Econometric Society, 1973：

997 – 1016.

[24] Amihud, Y. Illiquidity and stock returns: cross-section and time-series effects [J]. Journal of financial markets, 2002, 5 (1): 31 – 56.

[25] Amihud, Y. , Mendelson, H. Asset pricing and the bid-ask spread [J]. Journal of Financial Economics, 1986, 17 (2): 223 – 249.

[26] Amihud, Y. , Mendelson, H. , Lauterbach, B. Market microstructure and securities values: Evidence from the Tel Aviv Stock Exchange [J]. Journal of Financial Economics, 1997, 45 (3): 365 – 390.

[27] Alizadeh, S. , Brandt, M. W. , Diebold, F. X. Range-based estimation of stochastic volatility models [J]. The Journal of Finance, 2002, 57 (3): 1047 – 1091.

[28] Arellano, M. , Honoré, B. Panel data models: some recent developments [M]. Handbook of econometrics. Elsevier, 2001 (5): 3229 – 3296.

[29] Hui, B. , Heubel, B. Comparative liquidity advantages among major US stock markets [M]. Data Resources inc, 1984.

[30] Bao, J. , Pan, J. , Wang, J. The illiquidity of corporate bonds [J]. The Journal of Finance, 2011, 66 (3): 911 – 946.

[31] Bekaert, G. , Erb, C. B. , Harvey, C. R. , et al. The behavior of emerging market returns [M]. Emerging Market Capital Flows. Springer, 1998: 107 – 173.

[32] Berkowitz, S. A. , Logue, D. E. , Noser Jr, E. A. The total cost of transactions on the NYSE [J]. The Journal of Finance, 1988, 43 (1): 97 – 112.

[33] Bollerslev, T. Generalized autoregressive conditional heteroskedasticity [J]. Journal of Econometrics, 1986, 31 (3): 307 – 327.

[34] Bollerslev, T. A conditionally heteroskedastic time series model for speculative prices and rates of return [J]. Review of Economics and Statistics, 1987, 69 (3): 542 – 547.

［35］Brennan, M. J. , Subrahmanyam, A. Market microstructure and asset pricing: On the compensation for illiquidity in stock returns ［J］. Journal of Financial Economics, 1996, 41 (3): 441 – 464.

［36］Calzolari, G. , Fiorentini, G. A tobit model with garch errors ［J］. Econometric Reviews, 1998, 17 (1): 85 – 104.

［37］Carhart, M. M. On persistence in mutual fund performance ［J］. The Journal of Finance, 1997, 52 (1): 57 – 82.

［38］Chen, L. , Lesmond, D. A. , Wei, J. Corporate yield spreads and bond liquidity ［J］. The Journal of Finance, 2007, 62 (1): 119 – 149.

［39］Chen, X. , Linton, O. , Yi, Y. Semiparametric identification of the bid-ask spread in extended Roll models ［J］. Journal of Econometrics, 2017, 200 (2): 312 – 325.

［40］Chen, X. , Linton, O. , Schneeberger, S. , et al. Semiparametric estimation of the bid-ask spread in extended roll models ［J］. Journal of Econometrics, 2019, 208 (1): 160 – 178.

［41］Chib, S. Bayes inference in the Tobit censored regression model ［J］. Journal of Econometrics, 1992, 51 (1 – 2): 79 – 99.

［42］Choi, J. Y. , Salandro, D. , Shastri, K. On the estimation of bid-ask spreads: Theory and evidence ［J］. Journal of Financial and Quantitative Analysis, 1988, 23 (2): 219 – 230.

［43］Chordia, T. , Roll, R. , Subrahmanyam, A. Commonality in liquidity ［J］. Journal of Financial Economics, 2000, 56 (1): 3 – 28.

［44］Chordia, T. , Roll, R. , Subrahmanyam, A. Liquidity and market efficiency ［J］. Journal of Financial Economics, 2008, 87 (2): 249 – 268.

［45］Chung, D. , Hrazdil, K. Liquidity and market efficiency: A large sample study ［J］. Journal of Banking & Finance, 2010, 34 (10): 2346 – 2357.

［46］Corwin, S. A. , Schultz, P. A simple way to estimate bid-ask spreads from daily high and low prices ［J］. The Journal of Finance, 2012, 67 (2):

719 – 760.

[47] Engle, R. F. Autoregressive conditional heteroscedasticity with esti-mates of the variance of United Kingdom inflation [J]. Econometrica: Journal of the Econometric Society, 1982: 987 – 1007.

[48] Fama, E. F. , French, K. R. Common risk factors in the returns on stocks and bonds [J]. Journal of Financial Economics, 1993, 33 (1): 3 – 56.

[49] Fama, E. F. , MacBeth, J. D. Risk, return, and equilibrium: Em-pirical tests [J]. Journal of Political Economy, 1973, 81 (3): 607 – 636.

[50] Fiorentini, G. , Calzolari, G. , Panattoni, L. Analytic derivatives and the computation of GARCH estimates [J]. Journal of Applied Econometrics, 1996, 11 (4): 399 – 417.

[51] Florackis, C. , Gregoriou, A. , Kostakis, A. Trading frequency and asset pricing on the London Stock Exchange: Evidence from a new price impact ratio [J]. Journal of Banking & Finance, 2011, 35 (12): 3335 – 3350.

[52] Fong, K. Y. L. , Holden, C. W. , Trzcinka, C. A. What are the best liquidity proxies for global research? [J]. Review of Finance, 2017, 21 (4): 1355 – 1401.

[53] Friewald, N. , Jankowitsch, R. , Subrahmanyam, M. G. Trans-parency and liquidity in the structured product market [J]. The Review of Asset Pricing Studies, 2017, 7 (2): 316 – 348.

[54] Gao, Y. , Wang, M. New Moment Estimators of the Effective Spread Based on Daily High and Low Prices [J]. Social Science Electronic Publishing, 2017.

[55] Garvey, R. , Wu, F. Intraday time and order execution quality di-mensions [J]. Journal of Financial Markets, 2009, 12 (2): 203 – 228.

[56] Gelfand, A. E. , Smith, A. F. M. Sampling-based approaches to cal-culating marginal densities [J]. Journal of the American Statistical Association, 1990, 85 (410): 398 – 409.

[57] Gibson, R., Mougeot, N. The pricing of systematic liquidity risk: Empirical evidence from the US stock market [J]. Journal of Banking & Finance, 2004, 28 (1): 157 – 178.

[58] Goldberger, A. S. Linear regression after selection [J]. Journal of Econometrics, 1981, 15 (3): 357 – 366.

[59] Goyenko, R. Stock and bond pricing with liquidity risk [C]. EFA 2005 Moscow Meetings. 2006.

[60] Goyenko, R. Y., Holden, C. W., Trzcinka, C. A. Do liquidity measures measure liquidity? [J]. Journal of Financial Economics, 2009, 92 (2): 153 – 181.

[61] Greene, W. H. Econometric analysis [M]. Pearson Education India, 2003.

[62] Griffin, J. M., Kelly, P. J., Nardari, F. Do market efficiency measures yield correct inferences? A comparison of developed and emerging markets [J]. The Review of Financial Studies, 2010, 23 (8): 3225 – 3277.

[63] Hasbrouck, J. Liquidity in the futures pits: Inferring market dynamics from incomplete data [J]. Journal of Financial and Quantitative Analysis, 2004, 39 (2): 305 – 326.

[64] Hasbrouck, J. Trading costs and returns for US equities: Estimating effective costs from daily data [J]. The Journal of Finance, 2009, 64 (3): 1445 – 1477.

[65] Holden, C. W. New low-frequency spread measures [J]. Journal of Financial Markets, 2009, 12 (4): 778 – 813.

[66] Huang, R. D., Stoll, H. R. Competitive trading of NYSE listed stocks: Measurement and interpretation of trading costs [J]. Financial Markets Institutions and Instruments, 1996 (5): 1 – 55.

[67] Hurd, M. Estimation in truncated samples when there is heteroscedasticity [J]. Journal of Econometrics, 1979, 11 (2 – 3): 247 – 258.

［68］ Jong, R. , Herrera, A. M. Dynamic censored regression and the Open Market Desk reaction function ［J］. Journal of Business & Economic Statistics, 2011, 29 (2): 228 – 237.

［69］ Kang, W. , Zhang, H. Measuring liquidity in emerging markets ［J］. Pacific – Basin Finance Journal, 2014 (27): 49 – 71.

［70］ Karnaukh, N. , Ranaldo, A. , Söderlind, P. Understanding FX liquidity ［J］. The Review of Financial Studies, 2015, 28 (11): 3073 – 3108.

［71］ Knez, P. J. , Ready, M. J. Estimating the profits from trading strategies ［J］. The Review of Financial Studies, 1996, 9 (4): 1121 – 1163.

［72］ Korajczyk, R. A. , Sadka, R. Pricing the commonality across alternative measures of liquidity ［J］. Journal of Financial Economics, 2008, 87 (1): 45 – 72.

［73］ Kyle, A. S. Continuous auctions and insider trading ［J］. Econometrica: Journal of the Econometric Society, 1985: 1315 – 1335.

［74］ Lee, K. H. The world price of liquidity risk ［J］. Journal of Financial Economics, 2011, 99 (1): 136 – 161.

［75］ Lee, L. F. Estimation of dynamic and ARCH Tobit models ［J］. Journal of Econometrics, 1999, 92 (2): 355 – 390.

［76］ Lesmond, D. A. Liquidity of emerging markets ［J］. Journal of Financial Economics, 2005, 77 (2): 411 – 452.

［77］ Lesmond, D. A. , Ogden, J. P. , Trzcinka, C. A. A new estimate of transaction costs ［J］. The Review of Financial Studies, 1999, 12 (5): 1113 – 1141.

［78］ Lesmond, D. A. , Schill, M. J. , Zhou, C. The illusory nature of momentum profits ［J］. Journal of Financial Economics, 2004, 71 (2): 349 – 380.

［79］ Li, T. , Zheng, X. Semiparametric Bayesian inference for dynamic Tobit panel data models with unobserved heterogeneity ［J］. Journal of Applied Econometrics, 2008, 23 (6): 699 – 728.

[80] Lin, H. , Wang, J. , Wu, C. Liquidity risk and expected corporate bond returns [J]. Journal of Financial Economics, 2011, 99 (3): 628 – 650.

[81] Liu, W. A liquidity-augmented capital asset pricing model [J]. Journal of Financial Economics, 2006, 82 (3): 631 – 671.

[82] Marshall, B. R. , Nguyen, N. H. , Visaltanachoti N. Commodity liquidity measurement and transaction costs [J]. The Review of Financial Studies, 2011, 25 (2): 599 – 638.

[83] Maug, E. Large shareholders as monitors: Is there a trade-off between liquidity and control? [J]. The Journal of Finance, 1998, 53 (1): 65 – 98.

[84] Merton, R. C. A simple model of capital market equilibrium with incomplete information [J]. The Journal of Finance, 1987, 42 (3): 483 – 510.

[85] Næs, R. , Skjeltorp, J. A. , Ødegaard, B. A. Stock market liquidity and the business cycle [J]. The Journal of Finance, 2011, 66 (1): 139 – 176.

[86] Naik, N. Y. , Yadav, P. K. Execution costs and order flow characteristics in dealership markets: Evidence from the London Stock Exchange [J]. Unpublished working paper, London Business School and University of Strathclyde, UK, 1999.

[87] Newey, W. K. , McFadden, D. Large sample estimation and hypothesis testing [J]. Handbook of Econometrics, 1994 (4): 2111 – 2245.

[88] Pástor, L'. , Stambaugh, R. F. Liquidity risk and expected stock returns [J]. Journal of Political Economy, 2003, 111 (3): 642 – 685.

[89] Polk, C. , Sapienza, P. The stock market and corporate investment: A test of catering theory [J]. The Review of Financial Studies, 2008, 22 (1): 187 – 217.

[90] Pratt, J. W. Concavity of the log likelihood [J]. Journal of the American Statistical Association, 1981, 76 (373): 103 – 106.

[91] Robert, C. P. Simulation of truncated normal variables [J]. Statis-

tics and Computing, 1995, 5 (2): 121 – 125.

[92] Robinson, P. M. On the asymptotic properties of estimators of models containing limited dependent variables [J]. Econometrica: Journal of the Econometric Society, 1982: 27 – 41.

[93] Roll, R. A simple implicit measure of the effective bid-ask spread in an efficient market [J]. The Journal of Finance, 1984, 39 (4): 1127 – 1139.

[94] Schestag, R., Schuster, P., Uhrig – Homburg, M. Measuring liquidity in bond markets [J]. The Review of Financial Studies, 2016, 29 (5): 1170 – 1219.

[95] Stoll, H. R. Inferring the components of the bid-ask spread: Theory and empirical tests [J]. The Journal of Finance, 1989, 44 (1): 115 – 134.

[96] Tanner, M. A., Wong, W. H. The calculation of posterior distributions by data augmentation [J]. Journal of the American Statistical Association, 1987, 82 (398): 528 – 540.

[97] Theodossiou, P. Financial data and the skewed generalized t distribution [J]. Management Science, 1998, 44 (12): 1650 – 1661.

[98] Tobin, J. Estimation of relationships for limited dependent variables [J]. Econometrica: Journal of the Econometric Society, 1958: 24 – 36.

[99] Wei, S. X. A Bayesian approach to dynamic Tobit models [J]. Econometric Reviews, 1999, 18 (4): 417 – 439.

[100] Yu, K., Stander, J. Bayesian analysis of a Tobit quantile regression model [J]. Journal of Econometrics, 2007, 137 (1): 260 – 276.